VALORAR LA HISTÒRIA

nova vida
per a les velles ciutats

Disseny gràfic:	Juli Capella i Quim Larrea
Fotografies:	Toni Cumella, Ferran Freixa (Ullastret) Lluís M. Vidal (Cerdanya)
Dibuixos de plànols:	Eugeni Boldú Josep Boncompte Anna Escudero Magda Mària Eugènia Vidal

ELS PROJECTES I OBRES APLEGATS EN AQUEST LLIBRE
HAN ESTAT ORIENTATS PEL SERVEI D'EDIFICACIÓ I CONSERVACIÓ
DE LA DIRECCIÓ GENERAL D'ARQUITECTURA I HABITATGE
DIRIGIT PER L'ARQUITECTE SR. LLUÍS GELPÍ I VINTRÓ

Edita: **Generalitat de Catalunya**
Departament de Política Territorial i Obres Públiques
ISBN: **84-393-0438-2**
Dipòsit Legal: B. 41131-1984
Composició: **Fotocomposició 2000**
Impressió: Tipografia - offset **Pujagut**
c/ València, 625. Barcelona

presentació:

XAVIER BIGATÀ I RIBÉ
H. Conseller de Política Territorial i Obres Públiques

introducció:

JOAN RÀFOLS I ESTEVE
Director General d'Arquitectura i Habitatge

VALORAR LA HISTÒRIA

nova vida per a les velles ciutats

producció:

JOSEP M. ROVIRA, arquitecte

GENERALITAT DE CATALUNYA
DEPARTAMENT DE POLÍTICA TERRITORIAL I OBRES PÚBLIQUES

TEMARI

Presentació: **XAVIER BIGATÀ**, H. Conseller de Política Territorial i Obres Públiques, **7**

Introducció: **JOAN RÀFOLS**, Director General d'Arquitectura i Habitatge, **9**

GIRONA: la història com a dada positiva, **20**

    1. Les cases de l'Onyar, **24**

    2. La Muralla, **34**

    3. L'Hospital Militar, **38**

    4. L'actuació a l'antic convent de les Beates, **44**

    5. Avantprojecte de la plaça de les Beates, **52**

    6. Reforma de l'edifici per a l'associació benèfica "la Caritat", **56**

    7. Restauració i reconstrucció de l'edifici al portal de Sant Feliu, **62**

    8. Projecte de restauració de l'hospital de Santa Caterina, **68**

    9. Proposta d'ordenació d'un espai públic (antic Col·legi dels Maristes), **72**

    10. Plaça de Sant Domènec, **76**

MONTBLANC: la història subratllada, **80**

LA CERDANYA: dibuixar la història, **88**

SÚRIA: la història com a continuïtat, **100**

ULLASTRET: la qualificació de la història, **112**

LLEIDA: la història com a monument, **128**

PRESENTACIÓ

Un dels aspectes més nou i alhora més desconegut en matèria de política urbana i d'habitatge que ha permès el desplegament de l'Estatut d'Autonomia de Catalunya i la conseqüent transferència de les competències en aquestes matèries a la Generalitat han estat les actuacions iniciades per a la revitalització dels nuclis vells de les nostres viles i ciutats.

El Departament de Política Territorial i Obres Públiques, mitjançant la Direcció General d'Arquitectura i Habitatge, ha dissenyat programes d'actuació per a diversos nuclis vells de Catalunya que, superant la simple visió historicista de conservació d'un patrimoni arquitectònic heretat, els han considerat no com una part discreta i discontínua de la resta de la ciutat sinó, ben al contrari, com un component més d'un sistema urbà interactiu on els factors demogràfics i econòmics estan estretament interrelacionats en un espai únic.

En un termini relativament curt —1981-1984—, s'han dissenyat programes d'actuació, s'han redactat projectes tècnics i s'han executat obres que permeten d'afirmar que alguna cosa ja canvia a les ciutats on s'ha intervingut. Malgrat això, és difícil canviar en poc temps els resultats de molts anys de decadència i abandó, ja que una plena revitalització solament pot aconseguir-se mitjançant una llarga actuació permanent i de participació múltiple.

"Nova vida per a les velles ciutats" fou el lema de la 7ª conferència de l'INTA (International News Towns Association) que va tenir lloc a Barcelona del 2 al 8 d'octubre de 1983, sota el patrocini d'aquest Departament. Durant la conferència vàrem poder constatar que a les ciutats, arreu del món i al marge dels aspectes exteriors diferents, els problemes bàsics són molt similars.

A diferència d'altres països europeus, on la millora del parc d'habitatges existent i la revitalització de nuclis vells van ésser incorporats a la política urbana i d'habitatge de forma generalitzada a principi de la dècada dels setanta, a Espanya no s'han dictat disposicions per part de l'Administració Central fins l'any 1982. A Catalunya, tenir competències en matèria d'habitatge des de principis de 1981, ens ha permès d'iniciar una política activa en aquest sentit.

Aquesta publicació presenta amb legítim orgull uns exemples destacats de les capacitats de l'autonomia de Catalunya, però per damunt de tot, pretén manifestar la voluntat d'obrir camí "en valorar la història" i demostrar que és possible de fer realitat el lema "una nova vida per a les velles ciutats".

Arnold Toynbee va escriure: "La civilització és un moviment i no una condició, un viatge i no un port." Les ciutats fan el seu viatge a través del temps i al llarg dels segles creixen, decauen i tornen a créixer. Resulta paradoxal que les nostres ciutats presentin símptomes clars de decadència i alhora de desenvolupament. És a les ciutats on hi ha les taxes més elevades d'insatisfacció, d'atur i de delinqüència, així com de famílies que viuen en condicions molt precàries i on, al mateix temps, es concentren les grans possibilitats d'experimentació, d'innovació, progrés i de llibertat. El repte dels governants és precisament cercar solucions a aquesta paradoxa.

El recull d'actuacions en matèria de rehabilitació i revitalització dels nuclis urbans de Catalunya que es presenta en aquesta publicació vol respondre a aquest repte.

Xavier Bigatà i Ribé
H. Conseller de Política Territorial i Obres Públiques.

INTRODUCCIÓ

1. Política d'habitatge a Catalunya:

Al 1980-1981, com a resultat del canvi del sistema polític a l'Estat Espanyol, després de l'aprovació de l'Estatut d'Autonomia de Catalunya i de les eleccions al Parlament, varen ésser transferides a la Generalitat les competències en matèria d'urbanisme i habitatge. Això va fer que el govern de la Generalitat, elegit en els comicis de 1980, disposés de poder legislatiu i executiu en matèria de planificació urbana i habitatge.
Per bé que l'autonomia de Catalunya ha estat, de fet, condicionada per un sistema de finançament insuficient, inflexible i fàcilment manipulable pel govern Central, el sistema ha permès que el govern de la Generalitat rectifiqués algunes de les direccions fonamentals que fins llavors havia seguit l'Administració en les matèries de planificació urbana, política de sòl i d'habitatge.
Si la nova situació política va permetre a Catalunya canvis bàsics en la política urbana i d'habitatge, la situació heretada feia imprescindible aquest canvi, ja que, al 1980, resultava palès que el model de creixement urbà anterior era esgotat. Al mateix temps, amplis sectors de la població estaven descontents de les condicions de vida a les grans ciutats, tant en les àrees i barris de nova construcció per la seva alta densitat, manca d'equipaments i urbanització, així com per la ràpida obsolescència de les edificacions, com en els nuclis vells per la falta de confort i la degradació física dels habitatges i del seu entorn.
Havia esdevingut, acceptat per tothom, que la ciutat era concebuda i decidida per una minoria i que no hi havia lloc per als interessos dels infants i dels adolescents, de les persones grans, dels immigrats, etc., és a dir, per a una gran majoria de la població. És possible endevinar les conseqüències a llarg termini de les polítiques urbana i d'habitatge del passat: reducció dràstica del nombre d'infants, baixa qualitat de la vida quotidiana, multiplicació de les "despeses socials", increment de la segregació, fugida en massa d'elevat cost cap a la "natura", etc., etc.
La visió diferent d'aquests problemes implica, a llarg termini, la ruptura radical amb els objectius i instruments de les polítiques urbana i

Ullastret

d'habitatge anteriors.
El nou enfocament d'aquestes polítiques seguides pel govern de la Generalitat de Catalunya enclou una major intervenció pública als camps de:
— la urbanització de sòl,
— la millora de l'estoc d'habitatges existents,
— la revitalització dels nuclis vells de viles i ciutats.

2. La problemàtica urbana a Catalunya el 1980

Abans de passar a descriure algunes de les experiències en aquests dos últims apartats, ens sembla oportú d'explicar els trets més rellevants de la problemàtica urbana a Catalunya el 1980, ja que, sens dubte, contribuirà a fer comprendre més fàcilment els canvis operats en la política seguida, des de l'esmentada data, pel govern de la Generalitat i les realitzacions que a títol d'exemples es presenten en aquesta publicació.
Les elevades taxes de construcció de nous habitatges enregistrades des de 1960 han permès sens dubte una sensible millora de les condicions d'allotjament de la població. La gran expansió de l'estoc d'habitatges —2.452.868 unitats el març del 1981 en front de 1.628.698 el desembre de 1970— ha aconseguit absorbir els dèficits inicials, així com el fort creixement demogràfic de les àrees urbanes enregistrat fins al 1975; a més a més ha permès també reduir el nombre de persones per habitatge (4,24 al 1960, 3,9 al 1970 i 3,4 al 1981), i incrementar substancialment el nombre d'habitatges vacants i de residència temporal.
A partir del 1975, com a conseqüència de la crisi econòmica, es redueix la natalitat i desapareixen les migracions cap als grans nuclis urbans que havien elevat al 50 % les necessitats de nous habitatges en el període 1960-1975.
Malgrat l'estancament demogràfic, les noves necessitats d'habitatge a Catalunya, en el període 1980-1995, es calcula que seran més nombroses a proporció de la simple projecció de les xifres de població. Com a conseqüència del fort creixement demogràfic de 1960-1975, la piràmide d'edats ens mostra que el 25 % de la població tenia menys de 15 anys al 1980, la qual cosa vol dir que el ritme de formació de noves famílies

La Cerdanya

Montblanc

serà relativament elevat la dècada de 1980-90 (unes 45.000 per any). El ritme de construcció de nous habitatges ha experimentat a Catalunya, igualment que a Espanya i als països de la Comunitat Europea, una notable reducció a partir de l'any 1975. Així, s'ha passat d'una xifra mitjana de 80.000 nous habitatges acabats anualment al 1973-1974, a 50.000 al 1979-1980 i 31.000 al 1982-1983. Això significa passar d'una taxa de 16 habitatges per 1.000 habitants a 8,5 i 5,3, respectivament. Una reducció de tal magnitud ha tingut grans repercussions sobre l'activitat econòmica i conseqüentment sobre el nivell d'ocupació en el sector de la construcció. Diferentment del que ha passat a altres països europeus, l'activitat en el manteniment i la millora del parc residencial existent ha estat pràcticament nul·la i no ha compensat, ni tan sols parcialment, la caiguda de l'activitat en la nova construcció d'habitatges. Les xifres d'habitatges acabats ja indicades corresponen a estadístiques agregades a Catalunya i inclouen també els habitatges construïts per a residència secundària o temporal. No reflecteixen, per tant, la veritable magnitud de la reducció de la nova construcció d'habitatges a les àrees urbanes, on en el període 1981-1983 varen acabar-se tan sols 3,1 habitatges per mil habitants com a mitjana anual.

El quadre que a continuació s'exposa mostra la variació de l'esmentat índex, segons la grandària dels nuclis urbans dins l'àmbit de Catalunya.

GRANDÀRIA DEL MUNICIPI	POBLACIÓ AL 1981	NOMBRE DE MUNICIPIS	HABIT. ACABATS 1.000 HAB. MITJANA ANUAL 1981-1983
Fins a 2.000 hab.	396.640	677	7,0
De 2.001 a 5.000	403.354	130	12,0
De 5.001 a 8.000	230.110	38	6,9
De 8.001 a 12.000	309.440	31	12,5
De 12.001 a 20.000	274.022	19	7,1
De 20.001 a 50.000	761.173	24	5,5
De 50.001 a 100.000	605.677	8	5,6
Més de 100.000	2.975.757	8	3,1
TOTAL	5.956.173	935	5,3

Si ens endinsem en l'àmbit de la Corporació Metropolitana de Barcelona, l'agrupació administrativa de 27 municipis amb un total de 3.099.000 habitants al 1981, s'ha passat d'acabar 45.000 habitatges/any al període 1971-1975, a 8.600 al període 1981-1983. En xifres per mil habitants, l'evolució en aquesta àrea és la següent:

Súria

    1971 - 1975   16,1 habitatges acabats per any
    1976 - 1980   8,4 habitatges acabats per any
    1981 - 1983   2,8 habitatges acabats per any.

La forta expansió del sector habitatge als anys 1960-1975, tingué lloc, bàsicament, en el sòl urbà consolidat o en les àrees d'urbanització situades a l'entorn immediat de les ciutats existents, ja que això permetia l'aprofitament fins al límit de les estructures urbanes anteriors.
La iniciativa pública va quedar al marge del procés urbanitzador.
La intervenció pública es limità, en el passat, a la urbanització del sòl per als grans programes d'habitatge de promoció pública que fonamentalment anaven destinats a famílies amb ingressos reduïts.
Diferentment d'altres països europeus, en els quals aquesta mena de promoció oficial vol dir una part significativa de la construcció de nous habitatges, a Catalunya i també a Espanya representà tan sols una aportació situada entre el 3 i el 4 % del creixement de l'estoc total d'habitatges en el període 1971-1980.
La gran pressió de la demanda d'habitatges entre 1960 i 1975, conseqüència de l'increment de les rendes familiars en una etapa d'intens creixement de l'economia espanyola, fou el factor impulsor d'un procés de creixement urbà deixat a la lliure acció de les forces del mercat del moment.
El resultat de tot això fou un ràpid ritme d'urbanització precipitada i elemental, com la construcció d'habitatges quantitativament suficient però que no pot donar cap solució a les necessitats de les ciutats a llarg i mitjà termini ni satisfer els problemes bàsics dels ciutadans.
L'alta densitat i la manca d'equipaments han caracteritzat les zones de nova urbanització fins al punt que a principis de 1980, i a l'àrea metropolitana de Barcelona, era evident el bloqueig dels mecanismes de "filtering" que es donen en els mercats d'habitatge. Les famílies que desitgen un habitatge millor i són solvents per accedir-hi no poden satisfer les seves aspiracions perquè l'oferta de millors habitatges es dóna en uns àmbits tan inadequats com els que ja tenen. L'esgotament

Girona

de la demanda d'habitatge, la reducció del creixement demogràfic, la creixent insolvència de la demanda a causa de la crisi, el bloqueig del procés de "filtering" han accentuat encara més la caiguda del sector de la construcció.

El 59,3 % de l'estoc d'habitatges ocupat al 1981 a Catalunya, havia estat construït amb posterioritat al 1960, la qual cosa fa palès l'elevat ritme de construcció durant el període 1960-1975. Aquest percentatge és del 65 % en els municipis amb més de 10.000 habitants. No obstant això, no podem oblidar que el 20 % total d'habitatges té més de 50 anys i que el 14,2 % és anterior a 1900. Els majors contingents d'habitatges en aquestes condicions són a les zones rurals (34,6 % del total és d'abans de 1900), en els nuclis antics de les ciutats de Barcelona, Girona, Lleida i Tarragona hi ha 140.000 habitatges amb més de 50 anys.

El deteriorament dels edificis vells d'habitatges ha estat accentuat per un rígid control de lloguers que, regulat per la legislació de 1920, no ha estat a penes suavitzat per disposicions posteriors, a diferència del que ha succeït en la major part dels països europeus. Els baixos preus dels lloguers, conseqüència de l'antiguitat dels contractes i el bloqueig causat per la legislació sobre arrendaments urbans, n'han impedit el mínim manteniment. Els inversors d'aquest camp, amb gran tradició a Catalunya, han abandonat aquest camí, i des de 1960 la quasi totalitat de la nova construcció ha estat destinada a ésser ocupada en règim de propietat. Això ha provocat l'obsolescència dels edificis de lloguer i com a conseqüència la de les àrees urbanes centrals de les ciutats on hi ha major concentració dels citats edificis.

La política d'habitatge a Espanya no ha proposat mesures per al foment de la construcció d'obres de millora en aquests edificis ni ha confeccionat programes d'inversió pública en nuclis antics de les ciutats, malgrat que des del 1976 els planificadors urbanistes detectaren ja el problema.

A partir de 1981 el Govern de la Generalitat de Catalunya va iniciar programes concrets d'actuació als nuclis vells de les principals ciutats. La situació era ben diferent a la de la majoria dels països europeus en els quals les polítiques d'habitatge incorporaren generalitzadament des de 1970 programes per a la rehabilitació d'habitatges.

3. Noves orientacions de la política urbana i d'habitatges el 1981

Partint d'aquesta situació, el govern de la Generalitat de Catalunya ha centrat la seva actuació en matèria de política urbana i d'habitatge en tres grans línies d'actuació:

— la creació de nou sòl ben urbanitzat,
— el manteniment i la millora de l'estoc d'habitatges vells,
— la revitalització dels nuclis vells de les viles i ciutats.

La política pública d'urbanització de sòl implantada té un triple objectiu:

a) Assegurar als promotors privats d'habitatges una oferta suficient i qualificada de sòl edificable per atendre les necessitats apreciades d'habitatges. No hem d'oblidar que, com a conseqüència de la crisi, els llargs terminis de maduració de les inversions en obra d'urbanització de sòl o els elevats tipus d'interès han portat els promotors privats a abandonar aquesta tasca.

b) Assegurar l'existència d'oferta de sòl urbanitzat per a construcció d'habitatges amb baixa densitat de manera que permeti la realització de la demanda de millora existent, que es troba bloquejada pel model d'urbanització seguit anteriorment, i, en definitiva, possibilitar el procés de "filtering".

c) Completar les trames urbanes existents, mitjançant la urbanització dels sectors estratègics per al bon creixement de cada ciutat.

La recessió econòmica ha possibilitat a la Generalitat el desplegament d'una favorable i activa política d'adquisicions de terrenys per a la urbanització i utilització residencial. Des de 1981 fins al novembre de 1984, l'Institut Català del Sòl, organisme autònom adscrit al Departament de Política Territorial i Obres Públiques, ha iniciat un conjunt de 51 actuacions arreu de Catalunya, amb una superfície total de 550,4 ha. i una capacitat de 18.459 habitatges.

També per al manteniment i millora de l'estoc d'habitatges existents s'han implantat diverses mesures; en primer lloc, el decret 281/82 de la Generalitat va obrir el camí a l'obra de rehabilitació i ha establert per primera vegada la possibilitat d'obtenir subvencions fins al 20 % del

Girona

Lleida

valor de les obres que efectuïn els propietaris o llogaters dins de certs àmbits territorials preseleccionats i que fonamentalment comprenen els nuclis antics de les grans ciutats de Catalunya. Aquest decret, va ésser complementat per decret 444/83, que generalitza els beneficis en l'àmbit rural.

La gestió de la Generalitat dels beneficis derivats de la legislació referida a la "protecció oficial" dels habitatges completa el marc d'incentius de la rehabilitació, què en virtut del reial decret 2329/83, s'ha fet extensiva a les obres de rehabilitació, els beneficis corresponents a l'esmentada legislació fan referència a un especial relleu quant als crèdits a llarg termini amb interès subvencionat, així com a exempcions i bonificacions fiscals.

D'altra banda, el govern de la Generalitat va modificar també —mitjançant el decret 346/83— els nivells mínims d'habitabilitat exigibles als habitatges per poder ésser ocupats. Els nivells establerts fins aleshores ho havien estat per l'Administració Central l'any 1944, i romanen encara vigents a la resta de l'Estat. L'exigència d'uns estàndards mínims adequats a les circumstàncies —s'introdueix, per exemple, l'obligatorietat de disposar d'una dutxa com a equipament higiènic mínim, d'un habitatge— provoca la rehabilitació del parc d'habitatges existent, al mateix temps que va eliminant del mercat aquells que són més obsolets forçant-ne la renovació. Òbviament, l'impacte d'aquesta mesura se centra, essencialment, en els nuclis vells de les ciutats, atès que s'hi concentren els habitatges amb més antiguitat i per tant amb nivells d'equipaments i instal·lacions més insuficients i amb més problemes d'estructura.

Completant l'esquema, el decret 129/84 del govern autonòmic, referent a la tramitació de la cèdula d'habitabilitat, introdueix tres variacions de gran transcendència a la legislació vigent fins aquests moments. En primer lloc, estableix que, per obtenir la garantia d'habitabilitat d'un habitatge que s'ha d'utilitzar per a segona o posteriors ocupacions, serà imprescindible un certificat acreditat per tècnics competents en el camp de la construcció (arquitectes o arquitectes tècnics) que asseguri l'acompliment de les condicions mínimes establertes en el decret abans esmentat 346/83. Aquest certificat substitueix el que fins ara lliuraven els caps locals de Sanitat, i permetrà passar d'un control dels habitatges basat en una concepció purament higiènico-sanitària, cosa adequada potser als anys quaranta, però que avui resulta insuficient, a una línia

de diagnosi constructiva espacial i de dotacions de les edificacions d'habitatge existents, més escaient a la Catalunya actual.
El decret estableix també que el Departament de Política Territorial i Obres Públiques podrà subscriure convenis amb els ajuntaments per tal que aquests puguin atorgar aquestes cèdules d'habitabilitat per a segones ocupacions, donant, per tant, a les corporacions locals de Cataluya un valuós instrument d'acció per millorar el parc residencial dintre dels seus àmbits territorials.
Per últim, i per idèntics motius, tenint en compte les competències més àmplies que la nova llei del sòl va conferir als ajuntaments en el camp de la salubritat i higiene, seguretat i ornamentació de les edificacions, el decret de la Generalitat traspassa a les entitats locals les competències que en matèria sancionadora, en els casos de deficiències de salubritat i d'higiene, tenia el Departament de Política Territorial i Obres Públiques, adquirides per virtut de les transferències en matèria d'habitatge.
La decadència de les ciutats o d'alguna part d'aquestes no pot explicar-se exclusivament per l'antiguitat i obsolescència dels habitatges.
El funcionament de la ciutat està sotmès a un intens procés de canvi al llarg del temps. En molts casos, com els dels barris antics de les nostres viles i ciutats, aquest canvi ha esdevingut decadència. La creixent segregació de grups de la població i de les funcions econòmiques, administratives i comercials ha fet dels centres antics de les grans ciutats de Catalunya el lloc on el nivell de degradació de les edificacions i de les condicions d'habitatge va paral·lel a la degradació i pèrdua d'activitat econòmica i a la creixent marginació social de la població resident.
La problemàtica es fa més complexa en els nuclis vells que, per la qualitat de la trama urbana i de les edificacions, són mereixedors d'ésser conservats tenint en compte, a més, que algunes edificacions d'aquests sectors urbans han estat declarades monuments nacionals, provincials o locals segons la llei de 13 de març de 1933.
Els principals centres antics de les ciutats de Catalunya, des de 1981, per mitjà de la Direcció General d'Arquitectura i Habitatge del Departament de Política Territorial i Obres Públiques, conjuntament amb els ajuntaments, s'han beneficiat de programes específics d'actuació que examinen inversions a fons perdut en la millora de la infrastructura urbana, en la restauració i rehabilitació d'edificis representantius destinats a equipaments, en la construcció de nous edificis d'habitatges, en solars lliures o resultants de l'enderroc d'edificis i en la rehabilitació

Girona

Girona

generalitzada d'edificis d'habitatges, amb la finalitat de contribuir a deturar la davallada de les seves funcions urbanes i millorar les condicions de vida i d'habitatge de les famílies allà establertes i atraure'n de noves.

La capacitat i, per damunt de tot, la predisposició en la gestió dels diversos ajuntaments són essencials per poder avançar i explicar àmpliament la raó per la qual actuacions programades en un mateix moment es troben en l'actualitat en estat d'execució ben diferent.

Al mes de novembre de 1984, hi ha actuacions en curs d'execució als nuclis vells de Barcelona, Girona, Lleida, Tarragona, Badalona, Tortosa, Súria, Calaf, Montblanc, Sampedor, Artés, Balaguer, Seu d'Urgell, a més de les programades de Reus, Vic, Puigcerdà, Sant Feliu de Guíxols...

4. Cloenda

A tot Europa, des del 1970, i a mesura que els dèficits quantitatius d'habitatges es redueixen a xifres insignificants, els poders públics han concentrat els seus esforços en la millora del parc d'habitatges existents, alhora que s'estén una consciència col·lectiva sobre el valor específic dels centres vells de les ciutats.

A Espanya, malgrat que la problemàtica aconsellava un canvi similar en els objectius, no s'han produït canvis notables en la política urbana i d'habitatge per part de l'Administració central de l'Estat. La democratització del país, l'Estatut d'Autonomia i, com a conseqüència, les transferències de serveis en matèria d'urbanisme i habitatge han permès a Catalunya una política urbana i d'habitatges més adequada a la realitat i a les necessitats de la població. S'ha iniciat un ampli programa d'urbanització del sòl i s'han dissenyat programes per a la millora i el manteniment del parc d'habitatges existent i la revitalització dels nuclis antics de viles i ciutats.

L'experiència adquirida, limitada en el temps, ens mostra l'especial problemàtica que presenten els centres vells de les ciutats, la qual exigeix dels poders públics modalitats d'intervenció diversificades i àgils. Han de definir-se programes específics per a cada cas particular, i cada operació s'ha de concebre en funció de la globalitat del nucli, tenint com

a objectiu mantenir les formes urbanes ja existents. Ha de posar-se especial èmfasi en la coordinació de les actuacions públiques a cada nucli i, a més, resulta imprescindible la gestió continuada de les operacions, la qual cosa comporta la creació d'equips tècnics especialitzats encarregats de la concepció, avaluació i execució de cadascuna d'aquestes operacions.
En aquest aspecte, la nova organització administrativa que ha imposat la Generalitat de Catalunya s'ha mostrat eficaç per dissenyar i implantar una nova línia d'actuació i especialment per a endegar i executar programes d'actuació en els principals centres antics en un curt termini de temps, 1981-1984, tal i com mostren inequívocament els exemples que es presenten en aquesta publicació. No obstant això, en avaluar els resultats de les mesures dissenyades, és evident que l'elevada inversió en millora urbana i les disposicions dirigides a facilitar la el finançament d'obres de rehabilitació en edificació de propietat privada, subvencions o crèdits amb tipus d'interès subvencionat no han aconseguit encara induir de forma palesa la inversió privada a un nivell significatiu, àdhuc en aquells casos on les inversions públiques tenen un gran abast.
No s'ha trobat —i segurament és aviat encara— el camí pel qual l'acció de rehabilitació i la revitalització del nucli objecte d'actuació sigui un fet assumit per tothom: organització municipal, propietaris, residents i professionals implicats. Hi ha, evidentment, el perill que les actuacions iniciades limitin llurs efectes a la millora de les estructures físiques i que aquests efectes pesin damunt l'estructura social dels centres urbans antics i sense que aquests es reintegrin de manera ferma al conjunt de la ciutat. Tot i amb això, és necessari continuar l'esforç iniciat, sense perseguir èxits fàcils i amb el convenciment que la tenacitat dóna els seus fruits, i amb l'esperança que una franca millora dels nostres nuclis vells sigui una realitat ben aviat.

Barcelona, 12 de desembre de 1984

JOAN RÀFOLS I ESTEVE
Director general d'Arquitectura i Habitatge

Girona

GIRONA

la història com a dada positiva

1. Les cases de l'Onyar,
2. La Muralla,
3. L'Hospital Militar,
4. L'actuació a l'antic convent de les Beates,
5. Avantprojecte de la plaça de les Beates,
6. Reforma de l'edifici per a l'associació benèfica "la Caritat",
7. Restauració i reconstrucció de l'edifici al portal de Sant Feliu,
8. Projecte de restauració de l'hospital de Santa Caterina,
9. Proposta d'ordenació d'un espai públic (antic Col·legi dels Maristes),
10. Plaça de Sant Domènec,

Les principals intervencions que s'han efectuat en el centre històric de la ciutat de Girona se situen dins del context del Pla Especial de Reforma interior aprovat el 20 de juliol de 1983. L'esmentat pla va obtenir la menció especial en l'apartat de **"Plan de Reforma interior"** en els Premis Nacionals d'Urbanisme de 1983.

Rehabilitar el barri vell de la ciutat presenta en aquest cas una especial característica, a causa de la particular qualitat de l'arquitectura que ja hi ha i dels espais que s'hi troben.

El recinte emmurallat del segle XVII conté un 20 % dels monuments provincials declarats, amb una estructura poc alterada especialment a la riba dreta de l'Onyar.

Això ens pot donar la mesura de quin és el sentit de les intervencions. A la vista d'aquesta qualificació de l'arquitectura, es tracta d'entendre la seva memòria com a dada positiva, és a dir, re-presentable de nou als ulls de la ciutat a partir d'una optimització que procuri esborrar les malverscions que l'erosió del temps i la intervenció dels usuaris han produït.

Aquesta malversació ha portat a una forta degradació física del conjunt, amb un baix nivell d'habitabilitat, tant per la deficiència de tipus estructural (18 % d'edificacions en estat dolent o ruïnós), com pel nivell d'instal·lacions (51 % d'habitatges amb instal·lacions insuficients o molt deficients). Això ens permet explicar-nos parcialment les raons per les quals al 24 % d'habitatges no hi viu ningú.

Referent a la protecció de tot el patrimoni urbà i arquitectònic d'interès, especialment d'aquell que manté el tipus original menys alterat, el pla estableix: 1. L'elaboració d'una normativa que salvaguardi les característiques tipològiques, compositives i formals de cada edificació. 2. L'establiment d'una categoria d'intervenció per a l'edificació existent, delimitant el grau d'actuació permès, ja sigui de restauració, reforma o enderroc i de nova construcció, i que en garanteixi la correcta execució. 3. Adequació de la legislació tècnica vigent a les especials característiques de les construccions antigues. 4. El control sobre l'espai urbà pel que afecta al traçat i material de determinades instal·lacions de subministrament dels diferents serveis.

A més de la seva qualificació arquitectònica, el barri disposa d'una considerable superfície de sòl lliure, amb una extensió que es pot xifrar en un total de 12.524 m^2, la qual cosa permet donar una idea de les inicials possibilitats de millora ambiental que la intervenció pot assolir.

El Pla Especial preveu dos tipus d'objectius generals: el relatiu a les activitats fonamentals del barri (residència, comerç, equipaments, universitat, turisme) i el que es refereix a les modificacions de la seva estructura física (xarxa circulatòria, espais lliures i patrimoni construït). És en aquest vessant en què està treballant la Direcció General d'Arquitectura i Habitatge per tal de contribuir a la millora de la ciutat de Girona.

La Direcció General d'Arquitectura i Habitatge de la Generalitat de Catalunya va signar amb l'Ajuntament de Girona un conveni en què s'observa inversions destinades tant a la promoció pública de nous habitatges, com a la subvenció a fons perdut per a obres de rehabilitació, com a la intervenció d'espais a l'aire lliure.

És, doncs, al voltant de totes aquestes premisses, com a elements fonamentals, que cal entendre l'actuació dins del barri vell de Girona, les quals donen sentit a les actuacions puntuals que a continuació es descriuen com a projectes concrets.

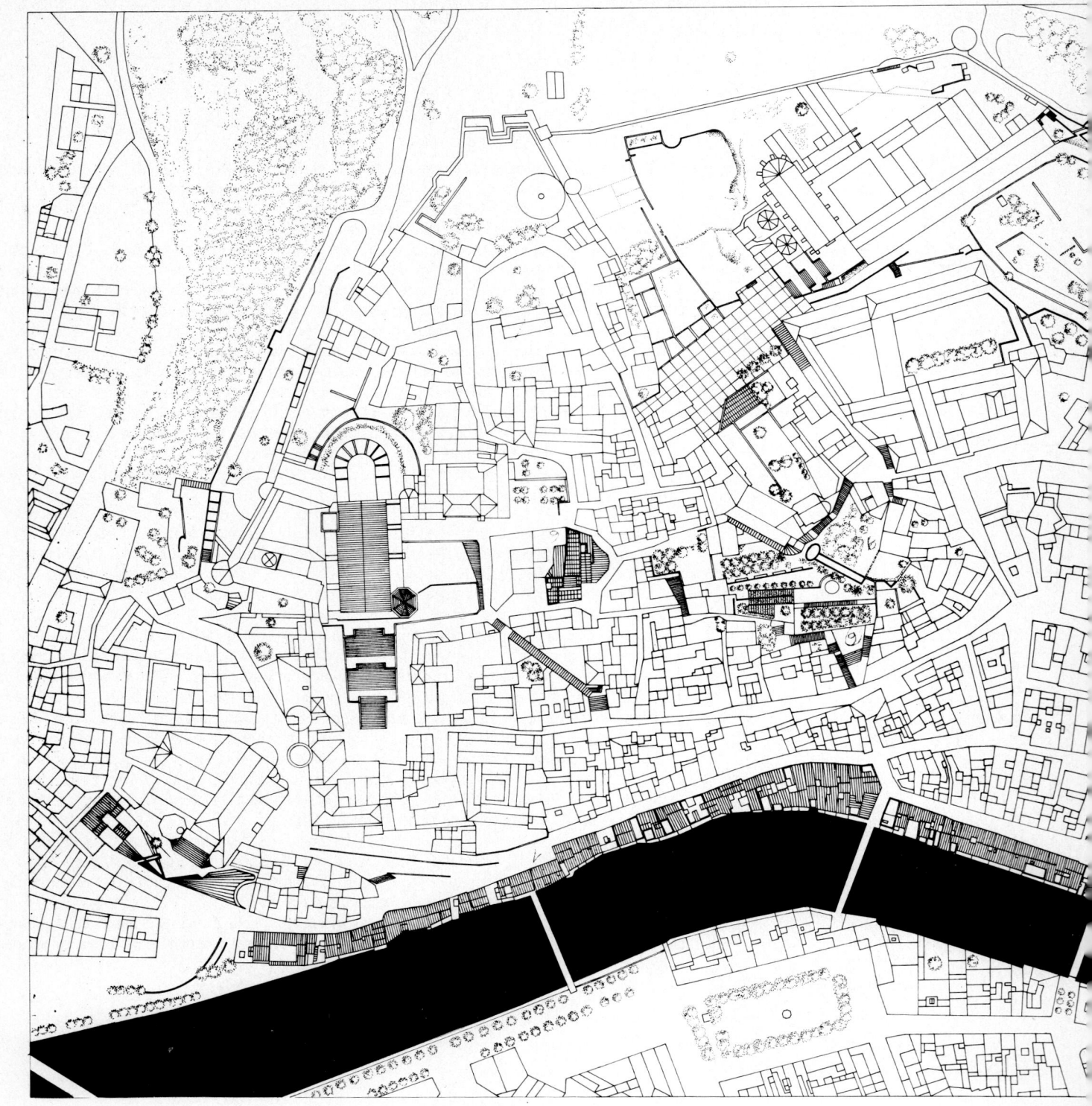

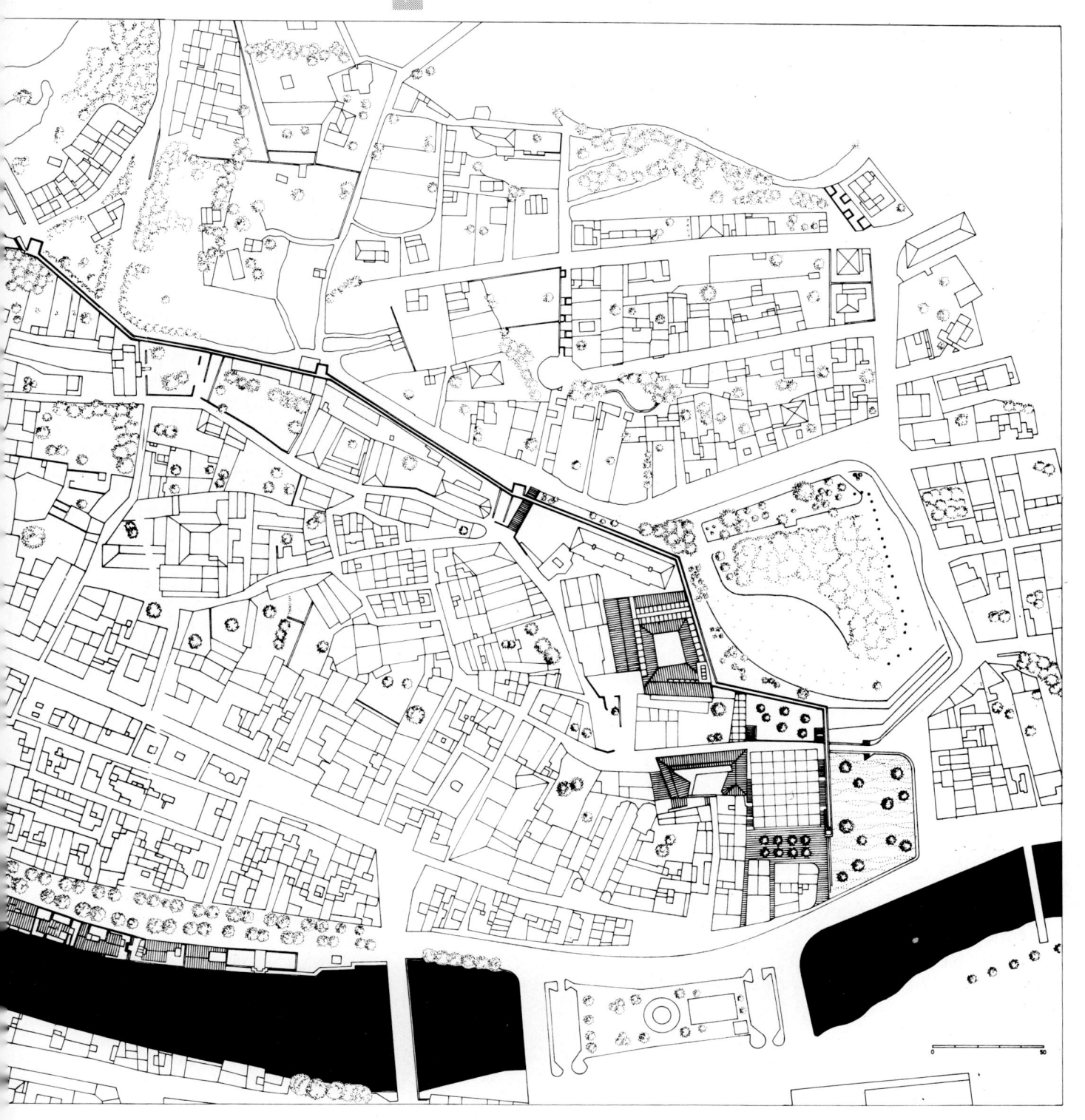

GIRONA 1

les cases de l'Onyar

Arquitectes: **Josep Fuses i Comalada i Joan M.ª Viader i Martí**
Aparellador: **Joan Rull i Grabalosa**
Constructor: **Arcadio Pla s.a. i Capdeferro Constructor, s.a.**
Projecte: **1982**
Realització: **1983-1984**
Pressupost
d'adjudicació: **101.256.419**

Els arquitectes a qui s'ha confiat el projecte especifiquen en la memòria quines són les circumstàncies que porten a la necessitat d'intervenir en aquest conjunt d'edificis.

Partint d'un estudi documental de l'estat original i dels projectes de les façanes que miren al riu (que es troben aplegats en la citada memòria) es reconstrueix, com a mínim, la idea inicial del projecte del conjunt.

El projecte diu que: "**A partir dels anys 40 s'evidencia un progressiu descontrol en la composició, sorgeixen finestres amb dimensions alienes a les existents, cosa que s'accentua en els anys seixanta amb certes alteracions parcel·làries i el creixent protagonisme del comerç, amb transformacions, clarament abusives, en els baixos. En aquest període es construeix un dels elements que més contribueixen al deteriorament de la imatge tradicional del riu: els col·lectors laterals que recolzats a la muralla la tapen; intenten absurdament trencar la relació que hi ha entre els edificis, la base emmurallada i el llit del riu.**"

Aquestes són les circumstàncies que expliquen les raons per les quals les façanes de l'Onyar presentaven abans d'intervenir-hi uns signes alarmants de deteriorament i decadència, que feien imprescindible una actuació decidida sobre el conjunt.

El projecte tipifica els problemes de la següent forma:

1. Estat de conservació general mitjanament acceptable, exceptuant cobertes, elements comuns i façanes. Les deficiències constructives dels voladissos han fet

que s'haguessin d'apuntalar els baixos.

2. Nivell de serveis i d'instal·lacions deficient. En alguns casos s'arriba a la pràctica inexistència de sanitaris als habitatges.

3. Abandó de les plantes superiors i, en canvi, forta ocupació de la planta baixa per a usos comercials.

4. Existència de pocs edificis amb el tipus original no alterat. Resten poques cases i un baix percentatge de les galeries o tribunes amb les característiques de finals del segle XIX i començament del XX, i s'han introduït en molts casos les finestres convencionals, de dimensions i proporcions estranyes al conjunt.

5. Desordre i manca de regulació pel que fa referència als voladissos sobre el riu, a la composició de façanes reformades, als color, als materials i elements de fusteria, a la incorporació recent, encara que tímida, de publicitat sobre el riu, etc.

Per enfrontar-nos amb aquesta situació proposem les actuacions següents:

a) Actuacions sobre l'estancament dels edificis. En el projecte es considera l'arranjament de teulats i terrats en mal estat, ja sigui substituint parcialment les parts afectades o renovant totalment la coberta en el cas que això sigui necessari. En cas de substitució puntual es mantindrà el tipus existent de l'estructura i el suport de la coberta, format normalment per biguetes, cairats i llates de fusta; en canvi, la renovació implicarà la introducció d'una coberta formada per biguetes, tauló de formigó, encadellat ceràmic enguixat, capa aïllant i teules velles.

Els paraments verticals que presenten esquerdes s'impermeabilitzen, i posteriorment es remolina la part defectuosa, i es pinta tot el conjunt.

b) Instal·lacions de sanitaris. El baix nivell d'instal·lacions d'un cert nombre d'edificis, fa imprescindible la previsió de noves cambres de bany que substitueixin les actuals **"comunes"**. Aquestes estan situades a l'exterior, seguint un antic costum; ocupen parcialment el balcó, i dificulten la ventilació i l'asolellament d'una de les dues cambres que donen a la façana posterior. En el projecte es detallen les unitats que s'eliminen, així com la situació de la nova cambra de bany construïda en relació a la planta tipus. Aquesta situació pot ésser modificada de comú acord amb les necessitats de l'usuari a l'hora de realitzar les obres, sempre que el nou lloc proposat respecti l'estructura original de la casa i no dificulti la ventilació directa de les cambres.

c) Restauració de les façanes posteriors sobre el riu.

Aquesta restauració implica:

— L'enderroc dels elements sobreposats, tant als balcons exteriors com als plans de façanes voladisses.

— La modificació de determinades obertures que regularitzen el conjunt de la façana.

— La substitució o restauració dels tancaments de fusteria en finestres i galeries existents. Els elements nous a introduir hauran de tenir les mateixes característiques que els originals.

— La creació de noves galeries obertes metàl·liques, que completin o equilibrin les que hi ha actualment.

— La construcció de tribunes tancades de fusta, amb idèntics criteris que a l'apartat anterior.

— L'eliminació o ordenació del conjunt de baixants existents, dins de les possibilitats d'aquesta actuació.

— Renovació de les actuals persianes de corda i repassar i pintar les façanes.

d) Els materials i els colors.

S'utilitzen els mateixos materials originals que encara es conserven nous: teula vella a les cobertes; fusta pintada per a tribunes i finestres; baranes metàl·liques pintades; baixants de xapa metàl·lica pintada i persianes de corda pintades.

Capital i singular és l'estudi detallat de les gammes de colors originals que predominen en tot el riu.

Si bé el canvi cromàtic del conjunt de les façanes que donen al riu és molt cridaner, es pot entendre el sentit més global de l'actuació; intentar que el conjunt d'habitatges millori les condicions d'habitabilitat és tan prioritari com refer la cara de les façanes, part important i bàsica de la imatge de la ciutat.

Perquè, és d'altra banda evident que el resultat viu i multicromàtic del conjunt és el que atreu més la visió de l'espectador que sols mira la ciutat. Es tracta, doncs, d'esborrar un passat destructiu de trista memòria (la planificació dels temps del "**desenvolupament**" que prescindia sense contemplacions de la història de la cultura) i de presentar als ulls de tothom un passat per evocar i en el qual poder aprendre. Un passat que es presenta com una oferta cultural, és a dir, com a element fixat que crea les bases d'una tradició. Per això, el treball sobre la textura i els criteris d'intervenció cromàtica fan ressaltar tant la individualitat de l'arquitectura, com el pas dels gustos arquitectònics que la façana ostenta, emmirallant-se en el riu.

És, doncs, l'opció sobre els colors el que ha preocupat també d'una manera fonamental els autors, com ells mateixos expliquen a la memòria del projecte:

"**Com a documentació prèvia per elaborar una proposta es planteja d'antuvi l'obtenció d'un coneixement exhaustiu dels colors existents.**

El registre d'aquests colors s'ha fet en una carta confeccionada amb pigments secs de cent seixanta-una tonalitats, codificats i anomenats amb exponents de gradació, recollits de forma sistemàtica a totes les façanes que donen al riu.

Els resultats d'aquesta anàlisi donen com a mostra uns tons generals propis dels remolinats antics i dels moderns: els primers, ocrosos que varien cap al rosat o el siena, més o menys blanquinosos; els segons, dins de la gamma dels grisos oscil·lant cap al blau i el negre amb relativa intensitat de blanc.

Es documenten també aportacions puntuals de verds, blauets i mangres amb diferents intensitats.

La fusteria vella era pintada amb tonalitats que oscil·len del marró fosc als blaus grisos més o menys clars. Les persianes tradicionals de corda eren bàsicament de color verd oliva i verd profund, i hi ha altres referències de blaus des del gris clar fins a l'ultramar fosc.

Així mateix cal tenir en compte, per a una millor comprensió de l'estat inicial, les intervencions més actuals, les quals han incorporat materials pictòrics moderns: plàstics, acrílics, etc.,

amb els seus estàndards cromàtics i amb tonalitats sòlidament aglutinades i sense cap transparència.

També cal valorar la forta incidència que comporta la progressiva substitució de les persianes de fusta per les de plàstic, amb l'escassa possibilitat de gammes i la defectuosa qualitat i alhora la incorporació de marcs metàl·lics i estandarditzats que desfiguren notablement el conjunt. Per a la proposta d'intervenció, atesa la inexistència en el mercat d'una carta de colors comercial que s'adapti a l'estudiada i desestimada també la possibilitat d'emprar tècniques tradicionals (pintures a la cola) amb poca garantia de conservació, s'opta per fabricar una carta de colors pròpia, amb pintures acríl·liques d'una resistència a l'intempèrie més elevada i que garanteixen alhora la transparència de les capes successives. Aquesta carta se sintetitza a trenta-dos colors (àdhuc colors de façana i fusteria) derivats bàsicament de les terres naturals (ocres, mangres i sienes). Els percentatges utilitzats de cada tipus de color, mantenen una proporció similar a l'existent al barri vell de Girona, documentada en l'estudi realitzat pel Pla Especial.

L'aplicació tècnica de les pintures, es fa amb una primera capa de "Pliolite" amb to comú, ocre clar, i dues o tres capes del color escollit per a la façana corresponent donat amb veladures, de forma que garanteixi una transparència.

En la coloració de les façanes s'ha procurat diferenciar clarament la divisió parcel·lària original, i tractar cada edifici de manera unitària, separant-lo dels adjacents, i diferenciar cadascún dels elements voladissos del pla de façana oficial. Per al desenvolupament d'aquest treball s'ha dividit el conjunt en tres grans unitats, tenint en compte l'entorn urbà, les característiques de la llum i els punts de visió."

La ciutat, doncs, s'ha convertit en un espectacle històric, oferint-se als ulls dels gironins com a experiència d'unes arquitectures que han recuperat allò que per circumstàncies alienes havien perdut.

Però si això és el que s'observa, no n'hi ha prou. Cal valorar també l'esforç documentalista que ha permès recopilar la informació que després ha estat bàsica per a la conceptualització del projecte i la construcció. La reflexió sobre què és restaurar, que és pot extreure de l'actuació concreta que ara podem observar i que passaria tant per paràmetres ambientalistes com per la idea política de valorar parts de la ciutat. En aquest sentit es contribueix a un dels debats importants que avui en dia es manté: monumentalitzar la ciutat i potenciar-ne l'arquitectura "històrica" és una manera de presentar la seva memòria a qui la vulgi conèixer, és a dir, interpretar-la i fruir-ne.

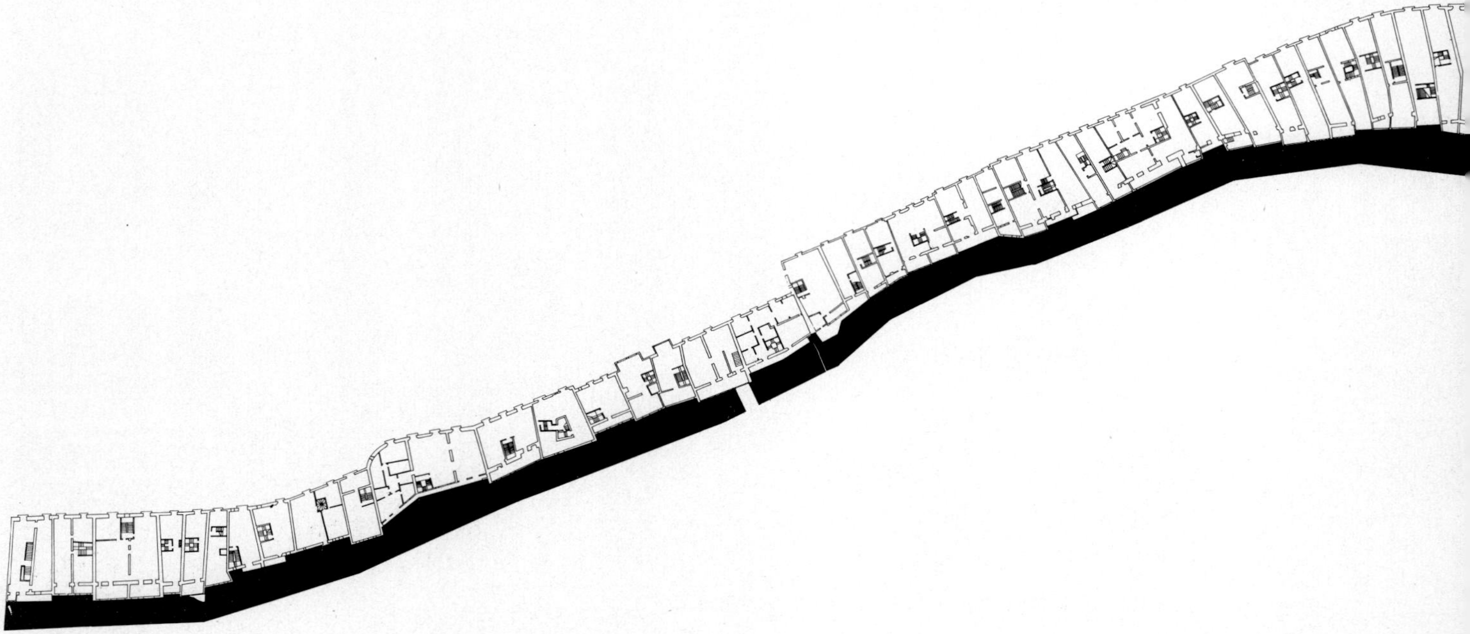

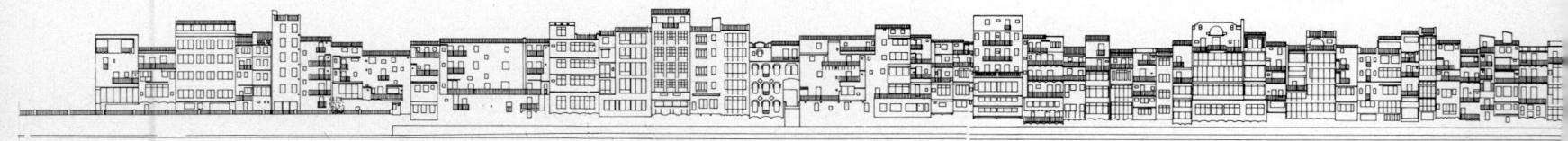

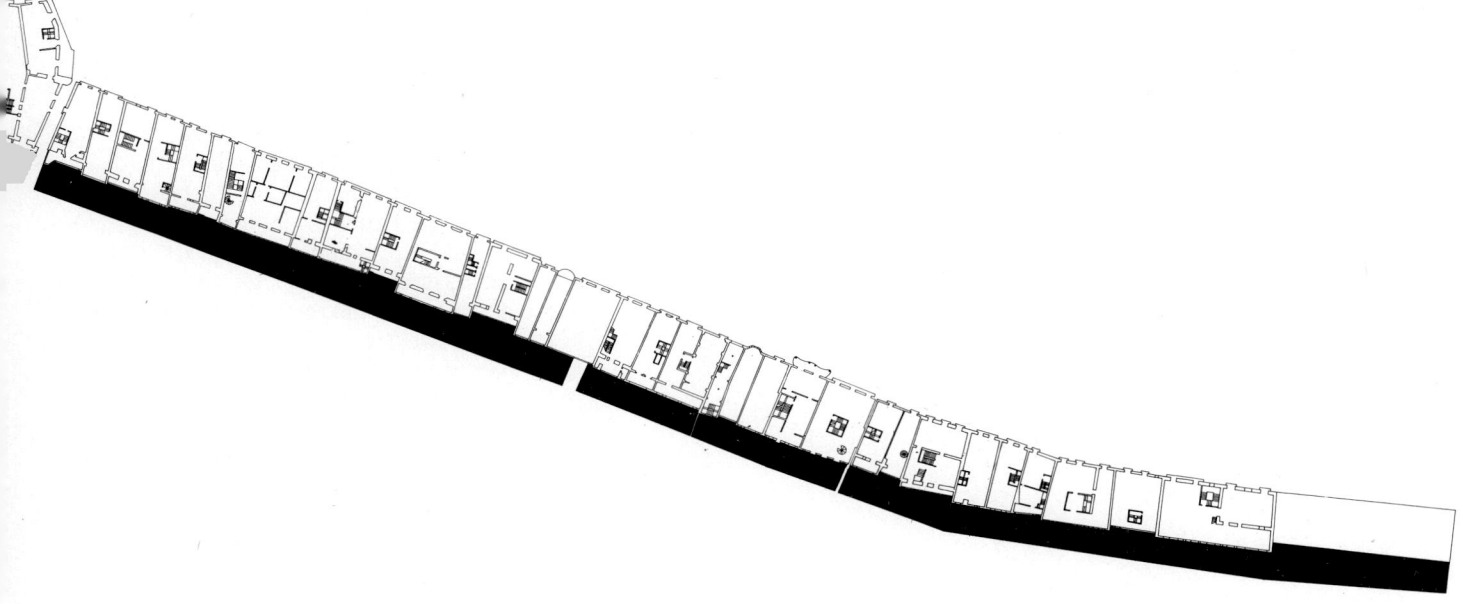

Planta reformada

Aixecament estat original

GIRONA 2

la muralla

Arquitectes: **Jordi Bosch i Genover, Joan Tarrus i Galter i Santiago Vives i Sanfeliu.**
Aparellador: **Domingo Iglesias i Raimonde**
Constructor: **Procedimientos Técnicos s.a.**
Projecte: **Setembre 1984**
Realització: **1984**
Pressupost d'adjudicació: **23.000.000,—**

Girona fou una ciutat murada i bona part de la muralla es conserva encara. Aquesta és una altra actuació, ja iniciada, que pretén fonamentalment aconseguir un passeig panoràmic sobre la ciutat. Descobrir una "**altra**" dimensió de la ciutat és un objectiu bàsic d'aquesta intervenció tal i com es desprèn de la memòria dels realitzadors del projecte: "**En general, creiem que s'ha de deixar la muralla tal com és actualment, evitant restauracions "arqueològiques" que, a part de ser d'un cost molt elevat, són de resultats molt dubtosos (com pot comprovar-se per la restauració que s'ha fet del tram de muralla que dóna sobre el passeig arqueològic). Més concretament, el que no volem és que el punt de partida de la nostra intervenció sigui el de retornar les restes existents de la muralla de Girona a un hipotètic estat original. Al contrari, la nostra intenció era adaptar la muralla al nou ús previst, partint del seu estat actual, és a dir, del que encara es conserva actualment, resultat de molt diverses intervencions i afegits, de forma que la nostra actuació, tot respectant el caràcter i els valors formals, històrics i arqueològics de la muralla (que per a nosaltres són producte de la superposició de diferents èpoques) s'entengui com una nova intervenció, de moment l'última, que s'afegeix a les anteriors.**

Malgrat això, és evident que en algun punt, on hi hagi afegits o transformacions molt grolleres, o bé elements interessants en perill pel seu mal estat de conservació, caldrà actuar partint de la restauració de l'ele-

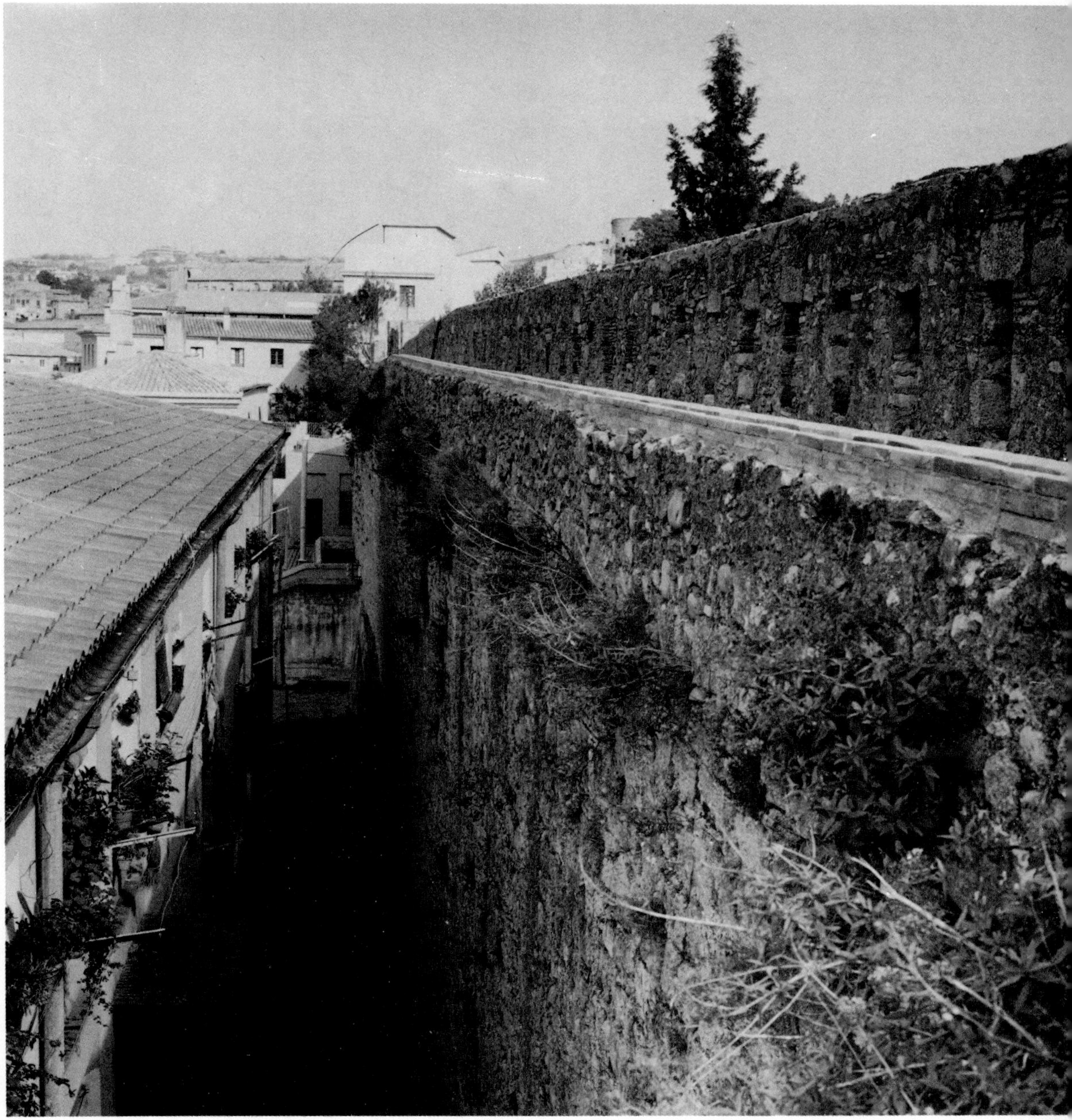

1. PERSPECTIVA ESCALA D'ACCÉS PLAÇA GENERAL MARVÀ

ment en qüestió.

Descartada, per tant, la solució de refer arqueològicament els merlets de la muralla, hem optat simplement per consolidar la part superior dels murs (cara exterior i interior), rematant-los amb rajol però de forma que es conservi la irregularitat de l'actual acabat de pedra.

Els accessos d'aquest primer tram, s'han limitat (entre altres raons per motius de seguretat i de control) als dos imprescindibles del començament i del final del mateix tram i a un intermedi, aprofitant l'única escala que s'ha conservat dels accessos originals. Els dos accessos nous s'han plantejat alhora com a elements finals de muralla, s'han dissenyat en cada cas d'acord amb les limitacions actuals (cases adossades a la muralla, a l'accés des del jardí de la infància i l'espai públic disponible entre el vial i la torre del general Peralta a l'altre accés).

L'accés previst aprofitant l'escala existent, que només serà viable si s'expropia una part d'un pati de propietat privada que hi ha al peu d'aquesta escala, té un gran interès perquè comunica directament el passeig de la muralla amb els jardins de l'antic baluard de la Mercè, la plaça de les Beates i l'Escola d'Arts i Oficis situada a l'antic Hospital Militar.

A cada una de les tres torres existents dins d'aquest primer tram, s'hi construirà un mirador cobert que hem cregut imprescindible per poder gaudir còmodament de la vista sobre la ciutat i el pla de Girona.

Tots els afegits per aixecar torres, especialment els més importants, es faran amb rajol manual massís, seguint el criteri de manifestar clarament la nova intervenció però amb un material gens estrany a la muralla, ja que són ben nombrosos els pedaços i afegits de rajol existents que, per altra part, s'integren molt bé amb la pedra."

És a dir, es tracta fonamentalment de canviar la funció inicial d'un element històric per contemplar la ciutat i possibilitar-ne una nova lectura. La història torna a estar present en la memòria col·lectiva dels gironins. Identificar noves parts de la ciutat, captar noves imatges, obrir diferents perspectives, aquests serien els objectius d'aquesta intervenció.

No sols això però; el projecte concentra la seva actuació allà on la muralla presenta una forma més forta, és a dir, a les seves torres. Els responsables del projecte introdueixen un polèmic diàleg entre nou i vell, potser en un intent d'aconseguir una major evocació de la forma final de la muralla.

7. PERSPECTIVA ESCALA D'ACCÉS I TORRE GENERAL PERALTA. CARA INTERIOR MURALLA.

GIRONA 3

l'Hospital Militar

Arquitectes: **Jordi Bosch i Genover, Joan Tarrús i Galter i Santiago Vives i Sanfeliu.**
Aparellador: **Jordi Roig i Fonseca.**
Constructor: **Construccions Lloret, S.A.**
Projecte: **1982**
Realització: **1983-1984**
Pressupost d'adjudicació: **49.213.082,—**

Es tracta de restaurar i tornar a utilitzar l'antic hospital militar destinant-lo a Escola d'Arts i Oficis per a la ciutat.

Els responsables del projecte han traçat una aproximació històrica de l'edifici que es resumeix així:

"La història de la construcció i posteriors intervencions sobre l'edifici original, que han anat conformant el seu estat actual, no ens ha estat possible d'establir-la d'una forma científica, per la manca de documentació existent.

D'acord amb les dades disponibles i amb el treball d'investigació arqueològica realitzat, fem les següents hipòtesis:

a) L'edifici es construí com a església i com a convent dels Mercedaris a partir de 1326, any en què el bisbe Pere Urrea va autoritzar la construcció del nou convent. Anteriorment a aquest convent hi havia una altra casa de l'orde dels mercedaris al barri del Mercadal fundada cap a l'any 1222. L'edificació original havia de ser, per tant, de mitjans del segle XIV i d'aquesta construcció queden actualment com a elements identificables, l'església i un arc de la zona del convent, actualment cegat, que podria haver format part d'una nau amb arcs diafragmàtics (refectori). L'església originalment era d'una sola nau amb arcs diafragmàtics, sense capelles laterals, amb un enteixinat de fusta com a estructura de coberta i sense absis, una tipologia de gran simplicitat pròpia de les construccions dels ordes mendicants. Posteriorment s'hi afegiren diverses capelles laterals durant els segles XV i XVI.

b) L'any 1653 es fa el baluard de la Mercè i es refan les muralles que limiten el convent; i és molt probable que això provoqués o motivés reformes importants que configuren l'estat actual del convent, que de fet es reedifica pràcticament de nou.

Podem considerar, per tant, que l'edificació que actualment existeix entorn del claustre és bàsicament de la segona meitat del S. XVII (o com a màxim del primer terç del S. XVIII, si hem de fer cas d'un document, "Relación de fincas del ramo de Guerra", de l'any 1903 que es conserva a l'Arxiu de la Corona d'Aragó) i es construí damunt de l'antic convent gòtic —possiblement molt més petit i d'una sola planta— del qual encara subsisteix algun element.

També podria ésser d'aquest temps el canvi de la coberta original de l'església amb enteixinat de fusta per una altra construïda al damunt, la substitució de l'enteixinat per les voltes de maó de pla enguixades que actualment existeixen i la modificació de les obertures de la façana de l'església.

c) Durant la Guerra de la Independència és molt probable que s'hi produïssin desperfectes importants i que en tornar els monjos a l'any 1814 fessin les obres mínimes per condicionar-ho.

L'any 1835 l'edifici passa a ser patrimoni de l'Estat amb la desamortització i al 1844 és destinat al servei del ram de guerra per Reial Ordre del 15/10/1844 com a caserna d'infanteria.

Ja que no s'ha localitzat cap plànol del projecte o de l'adaptació que havien de fer els militars, és difícil saber amb seguretat quines obres s'hi feren. No obstant això, suposem que s'havia reconstruït, en part, el claustre, aixecant un pis. Actualment els dos costats paral·lels a la muralla presenten un tipus de construcció (com són els arcs de rajol vist) característic de l'arquitectura del S. XIX.

L'any 1866 l'edifici fou destinat a Hospital Militar, s'hi tornaren a fer obres per adaptar-lo.

Aquestes obres, sembla que van consistir —pel sistema constructiu que presenten— en la subdivisió de l'espai de l'església per un forjat intermedi i substitucions de murs de càrrega, per un sistema de pilars i jàsseres a l'ala est."

Els autors, que com s'indica són els mateixos que els que s'encarreguen de restaurar la muralla, mantenen els mateixos criteris conceptuals a l'hora d'enfrontar-se teòricament amb el problema. Un equilibri entre l'optimització funcional i el respecte total per les peces arquitectònicament més interessants, són els trets bàsics amb els quals s'encara aquesta actuació, tal i com els mateixos arquitectes escriuen:

"Adaptar l'antic Hospital Militar a Escola d'Arts i Oficis municipal, comporta en primer lloc un problema de criteri o criteris d'actuació. Cal decidir-se entre una intervenció diguem-ne "arqueològica" que es proposi recuperar els espais i elements arquitectònics originals o una intervenció de reforma

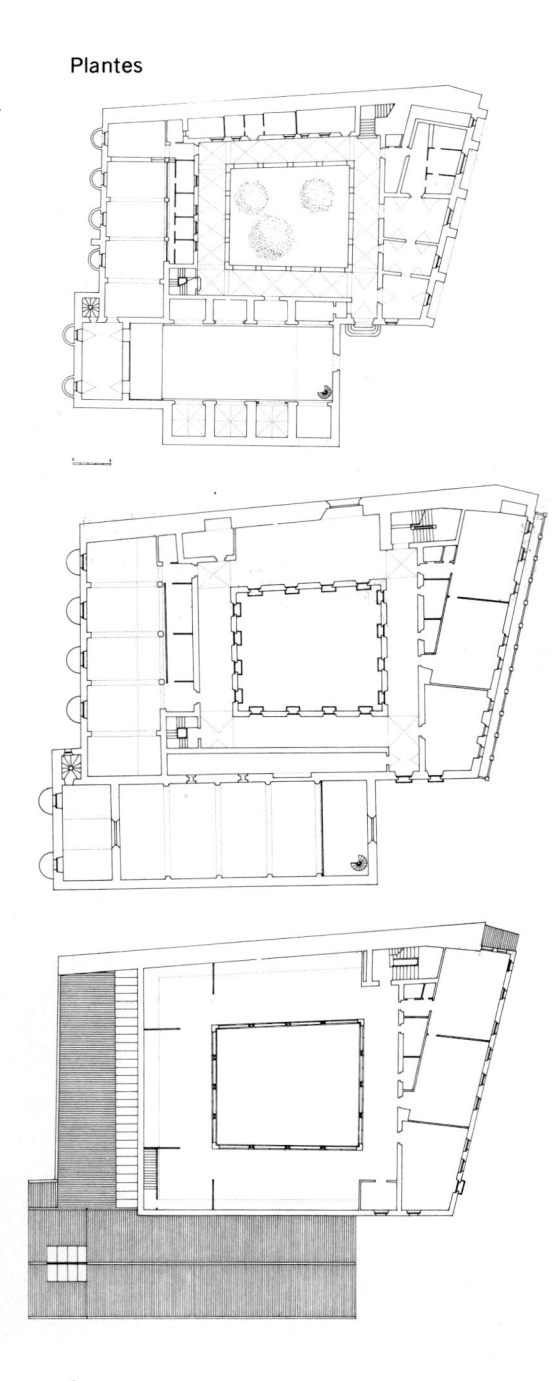

Plantes

Perspectiva i foto del pati

i reestructuració de l'edifici a partir del que ara és, de com ens ha arribat i no de com devia haver estat.

El nostre criteri ha estat el de no adoptar cap forma programàtica o apriorística, sinó fer-ho a partir de les possibilitats o dit d'una altra manera del "rendiment" que ens poden donar. El que volem és aconseguir el millor resultat final —tant pel que fa a la qualitat formal, com pel que fa a nivell de dotacions, durabilitat, confort, etc...— sense sortir de les limitacions que ens imposa la lògica i l'economia del projecte.

Així, creiem que a l'església el plantejament amb més possibilitats és l'arqueològic tant perquè l'espai original és relativament fàcil de recuperar, com per la qualitat arquitectònica d'aquest espai.

Altrament, adoptar aquest mateix criteri per al convent ens portaria a un absurd. Per una banda seria molt difícil d'establir què és i què no és original —i original de quina època?— però a més, en el procés d'eliminació del que es consideri afegit, ens quedaríem amb quatre elements "originals" a partir dels quals hauríem de bastir un utòpic edifici, gòtic? barroc?

Per tant, en el convent, el criteri es de fer-hi una actuació més lliure de condicionants històrico-arqueològics, donant prioritat a l'adaptació com a Escola d'Arts i Oficis i al resultat arquitectònic d'aquesta adaptació."

Per tant, es tractaria de classificar per sectors els problemes per la naturalesa intrínseca de la diferent qualitat arquitectònica de les peces que componen el conjunt. És per això que a partir d'aquí la descripció dels arquitectes es fa molt més minuciosa un cop definides les línies bàsiques de la proposta.

"a) **El claustre.** Es considera l'element que estructura la resta de l'edifici i, com a tal, és un element de primer ordre en la restauració proposada.

Creiem, per tant, que cal una actuació decidida per recuperar-ne la unitat i la coherència formal.

Les principals actuacions previstes són:

Reformar l'últim pis abaixant la cota de coronament de la façana per millorar les proporcions del claustre. Aquesta operació es reforça tractant tot l'últim pis com una galeria contínua que l'alleugerirà i li donarà una solució d'acabat.

S'unificarà l'aspecte del claustre completant les voltes que falten i unificant les façanes amb un tractament d'estucat.

b) **Comunicacions verticals i serveis.** A part de l'escala existent que es considera ben col·locada se'n preveu una altra a l'angle diagonalment oposat per completar les necessitats del centre.

Pel que fa als serveis, s'han concentrat tots verticals juntament amb instal·lacions i ascensor per simplificar recorreguts i facilitar-ne el manteniment.

c) **Reestructuració de les plantes baixa i primera.** Mitjançant l'eliminació de murs de càrrega intermedis i el desplaçament d'altres elements estructurals es proposa la recuperació d'amplis espais, als cossos est i oest del conjunt que envolta el claustre, aptes

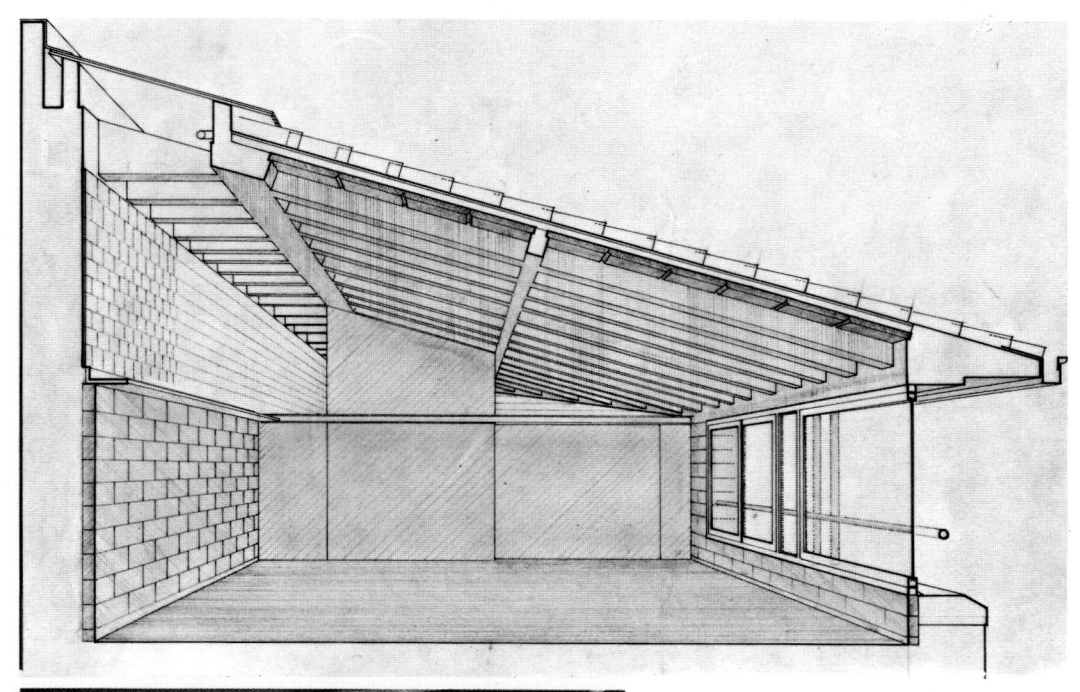

Perspectiva i foto d'una aula

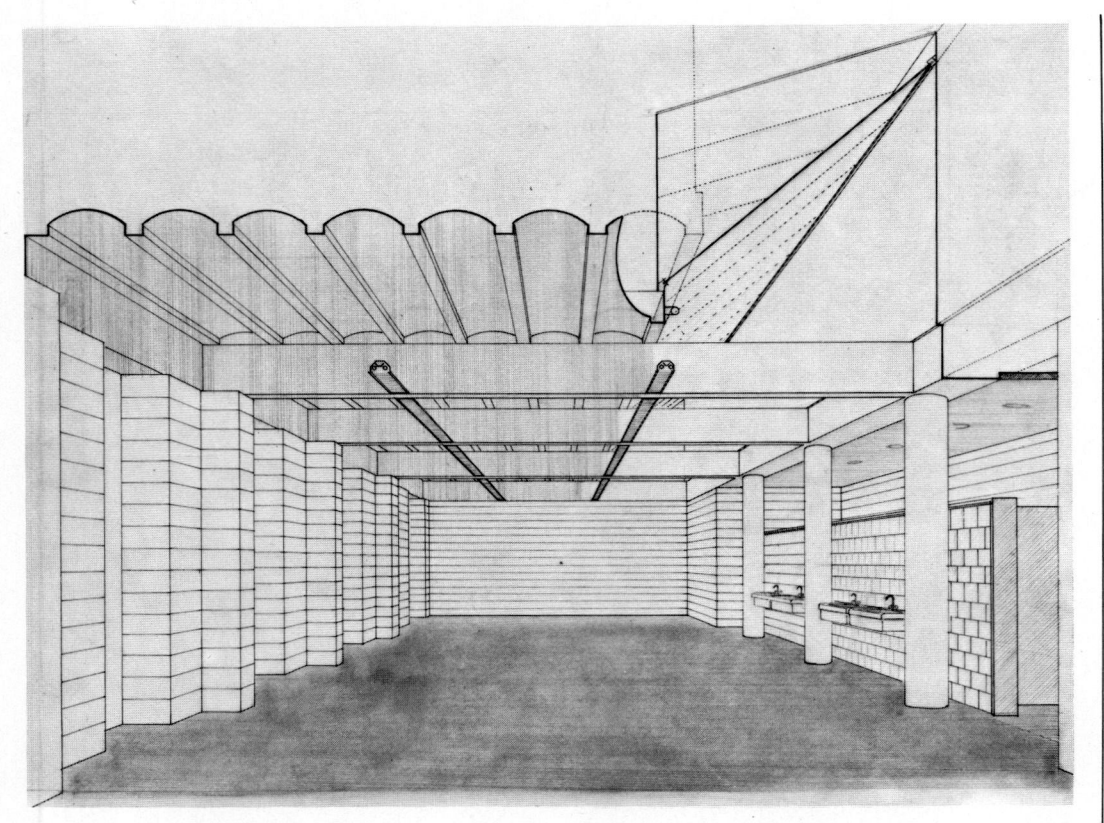

Aula

per utilitzar-los com a espais docents i tallers de treballs. Hi ha possibilitat d'il·luminació zenital complementària al primer pis de la banda est.

A la planta baixa i al cos oest es conserven les tres sales existents cobertes amb voltes rebaixades amb llunetes ja que es consideren d'interès.

A la planta primera del cos sud, es crea un espai d'usos múltiples enderrocant el mur que separa el corredor dels espais adossats a muralla.

d) Reestructuració de la segona planta. A part d'alliberar de subdivisions el cos oest de la mateixa manera que s'ha fet a la primera planta, la resta d'espais es tracten com una successió de sales a l'entorn del pati sense un pas diferenciat i amb il·luminació directa al pati i zenital a la banda oposada.

Els sostres d'aquests espais serien inclinats, seguint les pendents de coberta i amb l'estructura vista.

e) Façanes exteriors. La imatge exterior de l'edifici no es modifica substancialment, atès que si bé no posseeix grans valors estilístics, per contra té el valor d'una imatge familiar ja integrada en l'entorn i considerem que qualsevol intent de reforma important és innecessari. El canvi més important correspon a la façana de l'església on hi ha hagut la voluntat de recuperar-ne la imatge original. Els altres canvis afecten modificacions d'obertures per millorar les condicions d'il·luminació i per reordenar mínimament les façanes. Quant a la muralla, ens proposem cegar totes les obertures existents: valorar-la com a tal i deixar una sola obertura que dóna a l'espai d'usos múltiples. La torre de dipòsits s'eliminarà."

L'original estructura arquitectònica que té l'edifici, obliga també a una fragmentació d'usos, que el projecte vol fer coherent amb l'edifici. Així, segons l'índole espacial de les peces, la utilització serà diferent:

"L'antiga capella es proposa com a auditori i sala d'actes i els locals annexos com a serveis complementaris (magatzem, vestuaris, etc.). Es comunica directament amb l'exterior i, per altra banda, amb la zona de claustre i amb els espais del cos est, a fi d'aconseguir un funcionament més flexible.

L'Escola d'Arts i Oficis pròpiament dita es distribueix per la resta de l'edifici, al voltant del claustre.

A la planta baixa es preveuen sales de professors i de reunions, l'administració i una zona de tallers per a activitats especials que per les seves característiques i necessitats s'hi adaptin.

A la planta primera es preveuen espais adequats per a taules teòriques (però que podrien ser igualment adequats per a taller segons les necessitats), una zona de tallers i una sala d'usos múltiples.

La planta segona repeteix el cos d'aules de la planta primera i la resta es converteix en espais adequats a tallers i sales de dibuix. Aquest esquema de funcionament no exclou, altres possibles utilitzacions, donat que els espais resultants de la remodelació són prou flexibles per adaptar-los a les variacions lògiques del programa en un edifici d'aquesta mena."

Auditori

GIRONA 4

l'actuació a l'antic Convent de les Beates

A causa de l'estat deplorable i de l'escàs interès se'n preveu l'enderrocament. Qualsevol modificació o millora seria molt cara i de poc rendiment a l'hora de les funcions.

Com veiem en els plànols i les fotografies, es tracta d'un edifici de planta baixa dedicada a oficines (on se situarà El Servei Territorial de la Direcció General d'Arquitectura i Habitatge) i tres plantes dedicades a habitatges. Els documents gràfics de l'actual estat d'obres, ja avançat, ens ho expliquen perfectament.

El projecte respecte en part la idea de la planta de l'antic convent. La planta té forma U irregular i forma un pati d'accés de caire semipúblic. Un porxo de tres alçades permet articular la circulació d'accés als habitatges que, com s'observa a la planta, presenten una diversificació de distribucions que fan més flexible l'oferta al mercat.

Pel que fa a la façana, l'edifici es transforma en un element urbà que recupera, sense assemblar-s'hi, aspectes formals propis d'aquest punt concret de la ciutat: el mur nou i el vell mantenen un diàleg en el qual es veu clarament el pas del temps.

Arquitectes:	Josep Fuses i Comalada i Joan Mª Viader i Martí
Aparellador:	Joan Rull i Grabalosa
Constructor:	Capdeferro constructor, S.A.
Projecte:	1982
Realització:	1984
Pressupost d'adjudicació:	72.492.567,—

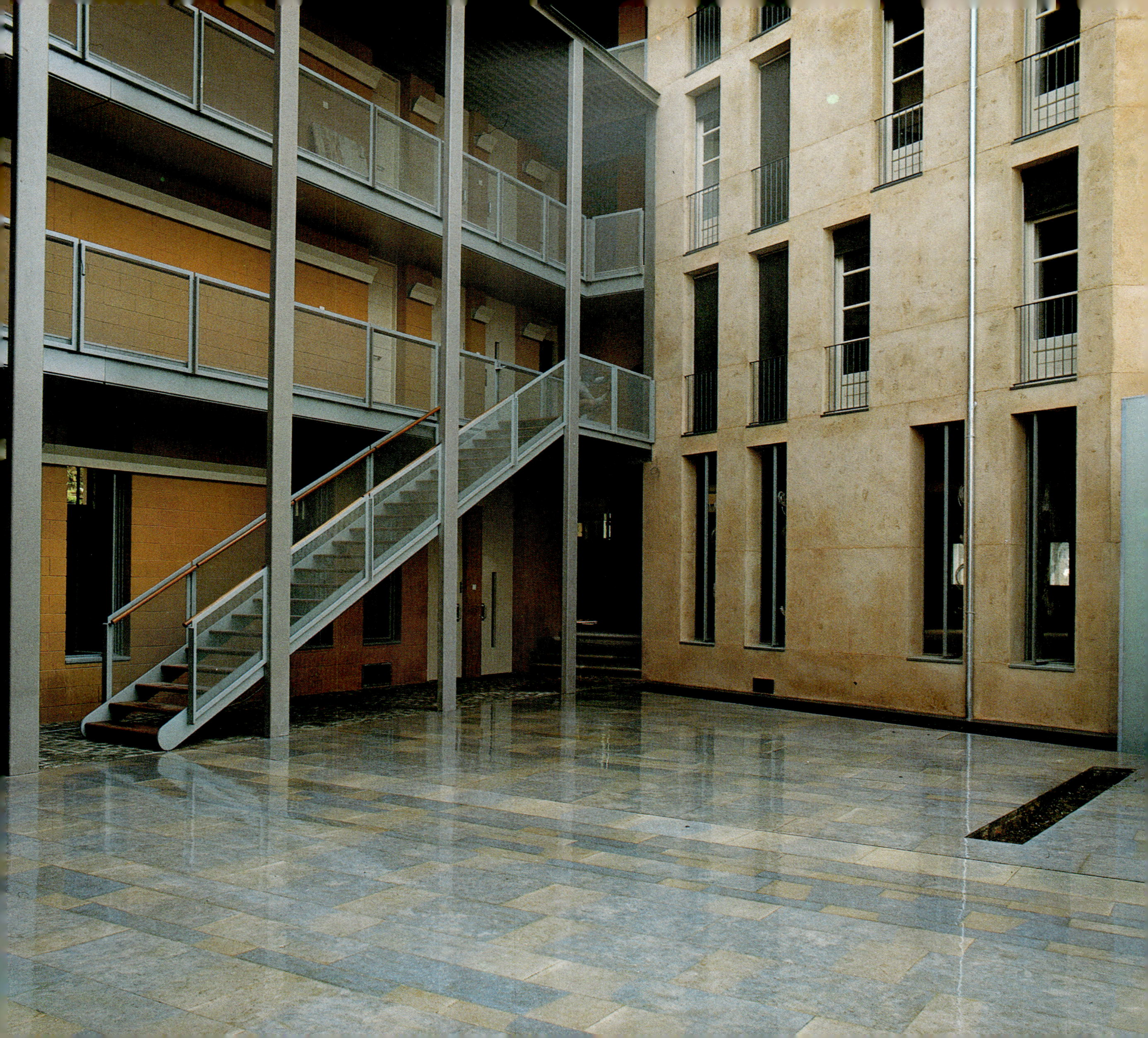

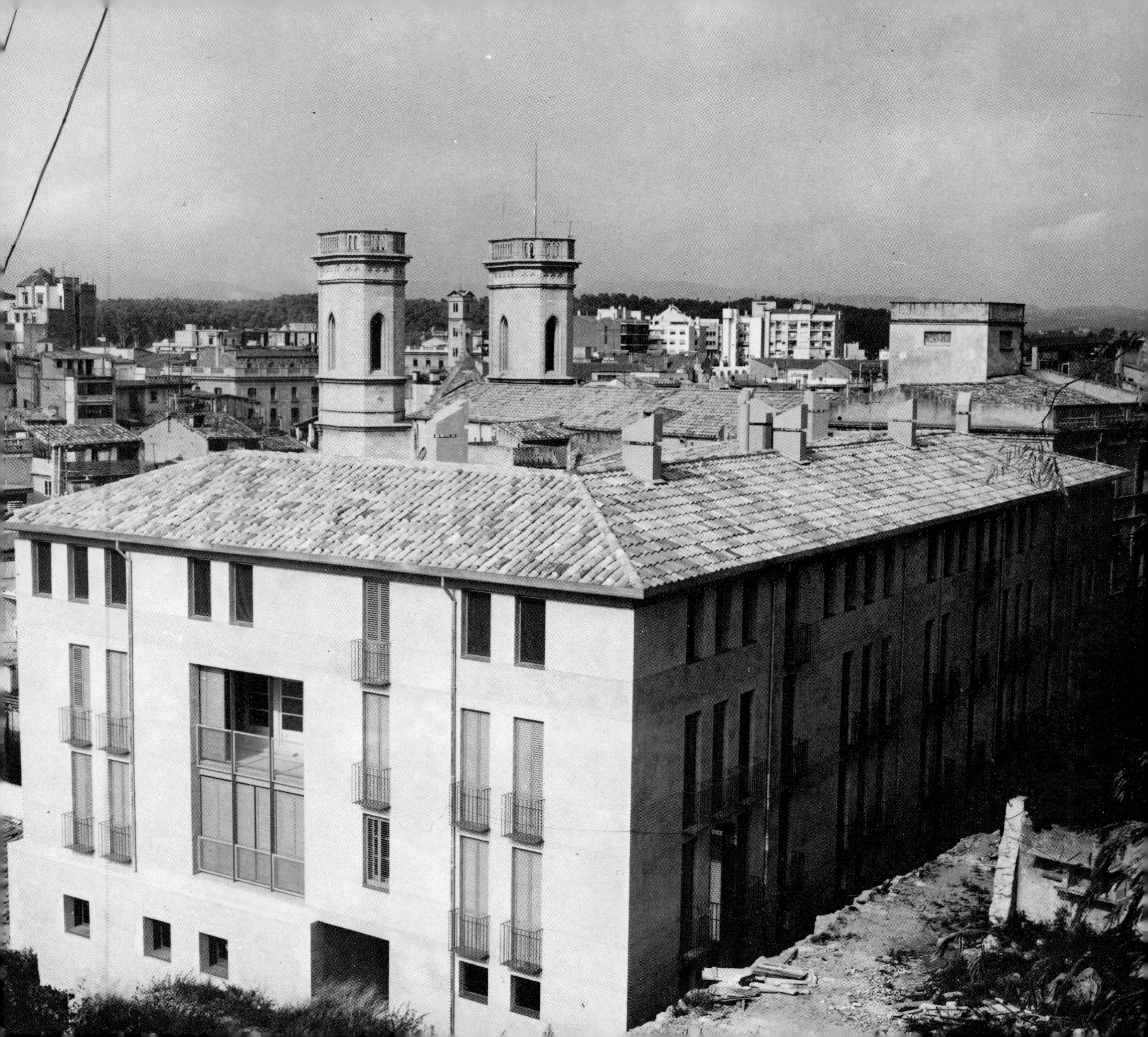

Plantes

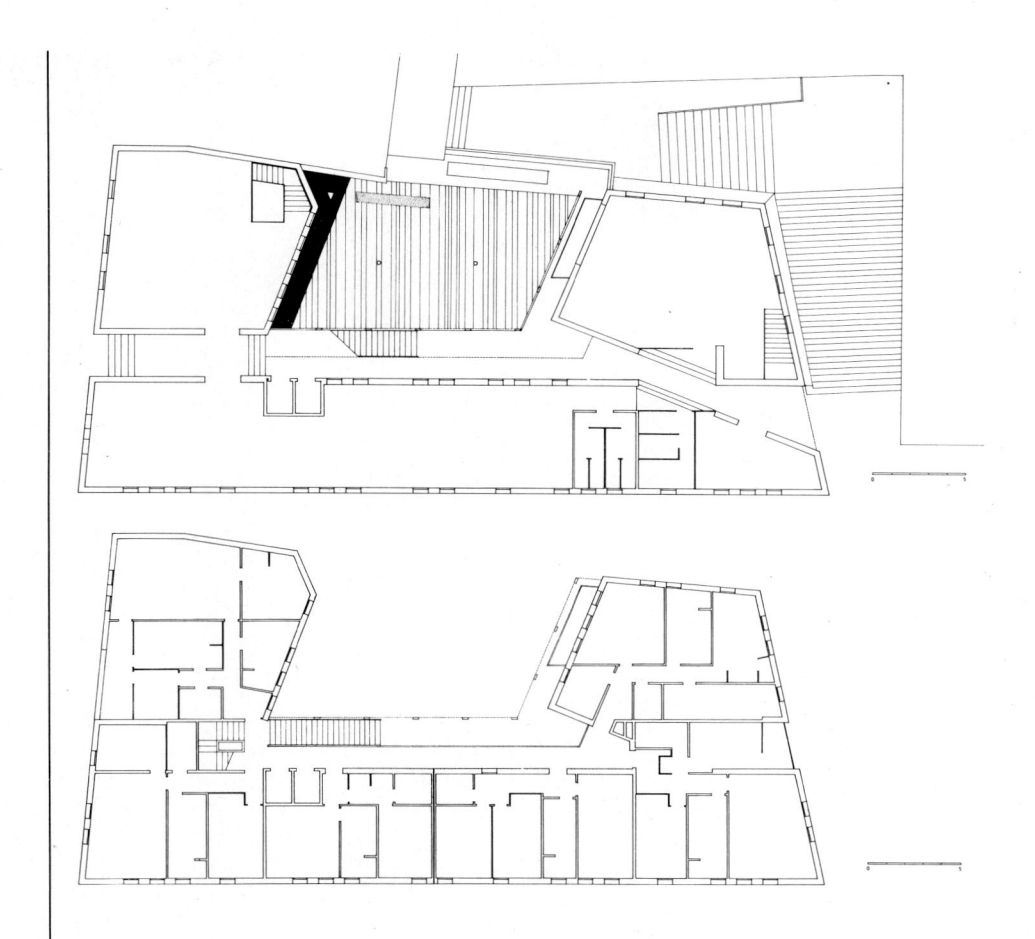

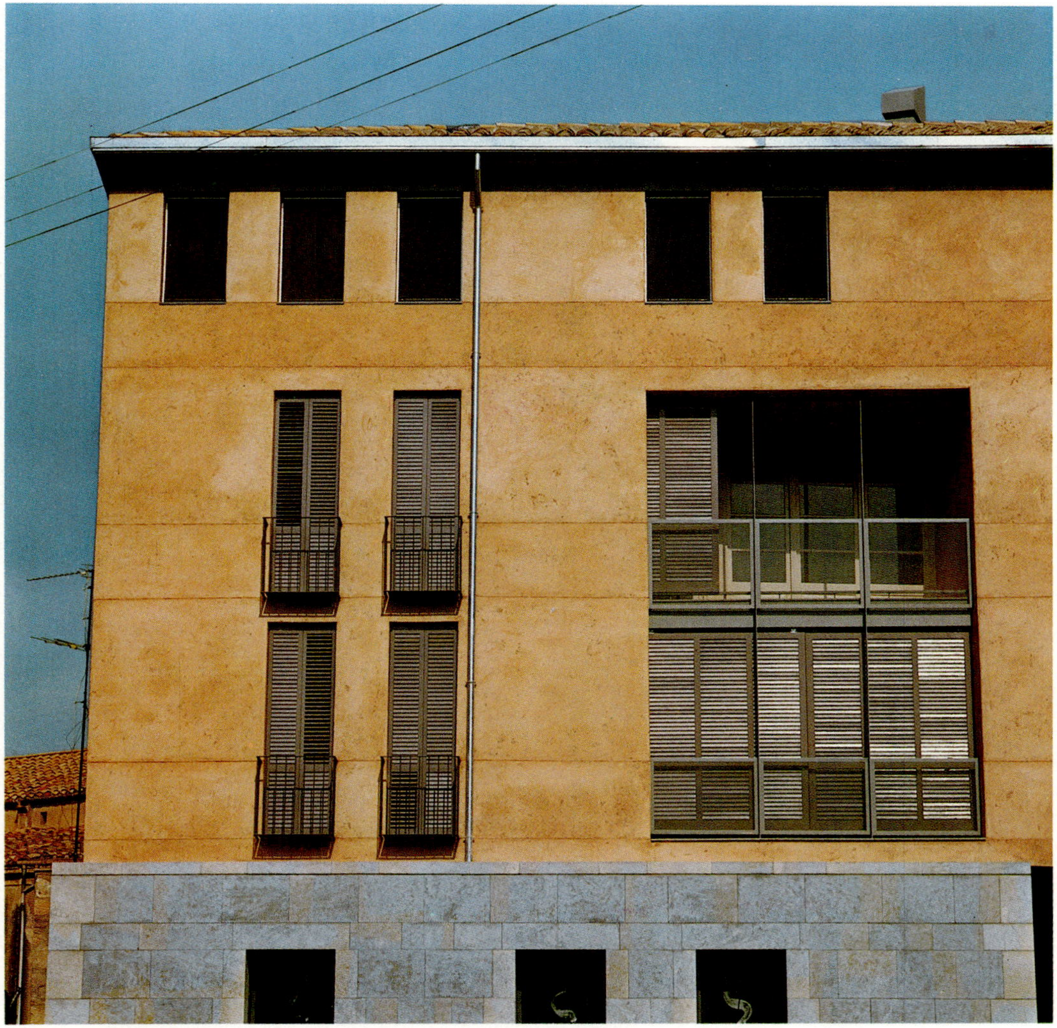

50

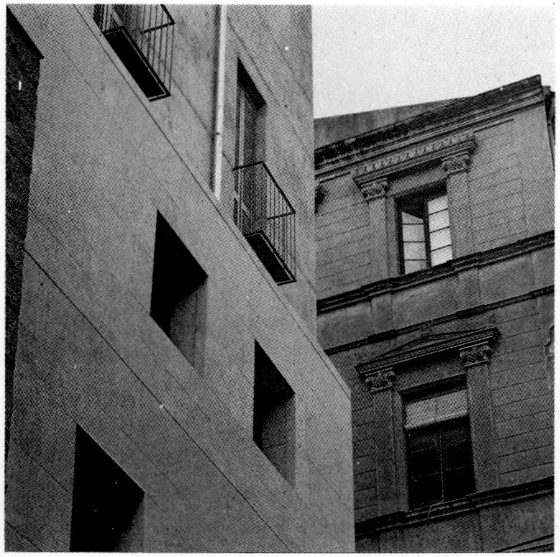

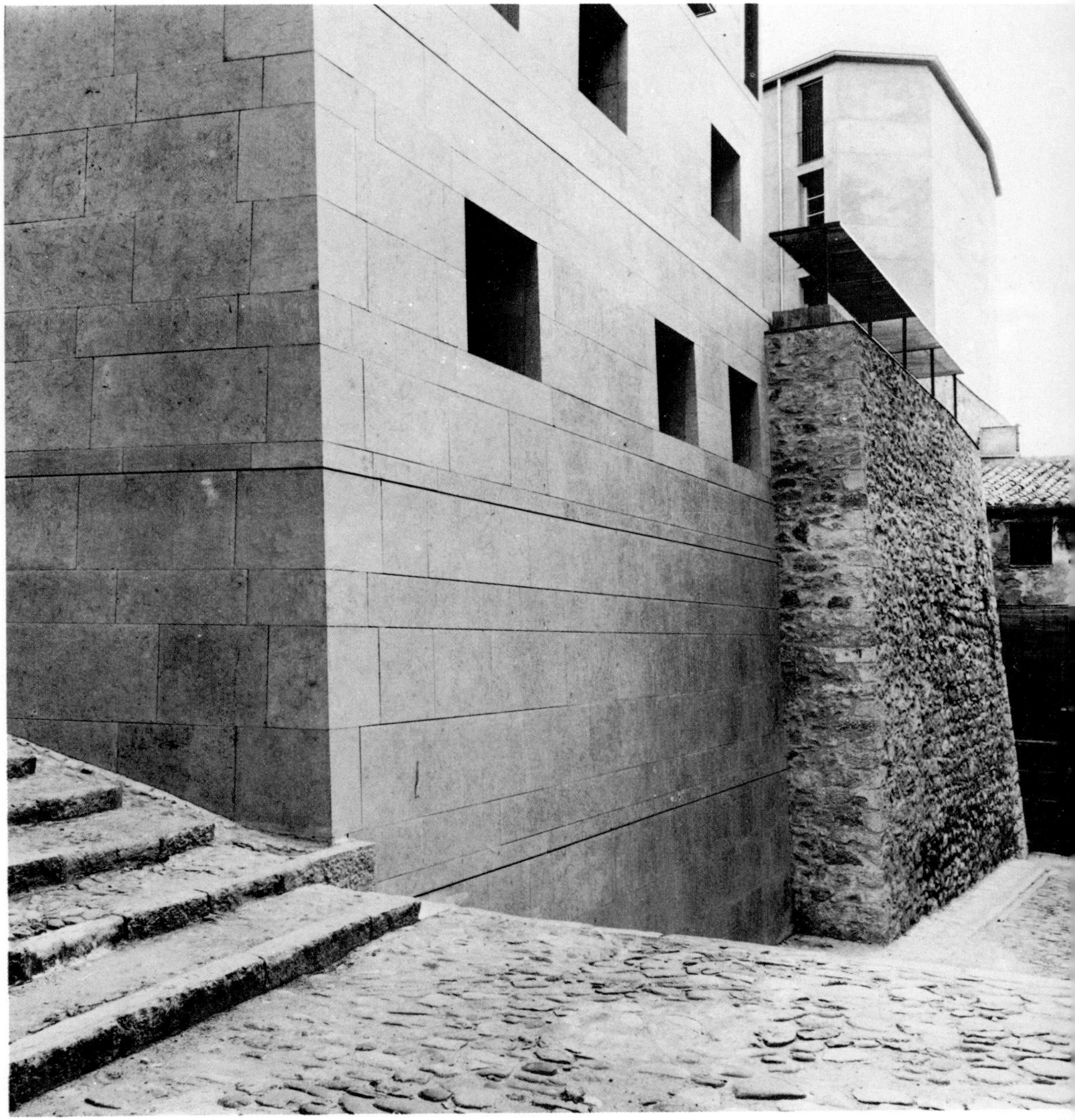

GIRONA 5

avantprojecte de la Plaça de les Beates

Arquitectes: Jordi Crous i Peraferrer, Jaume Grabuleda i Prim i Josep Riera i Micaló.
Projecte: 1984

Aquesta actuació seria el complement necessari per a la zona del barri vell de l'antic convent de les Beates, on s'ha dut a terme el projecte esmentat anteriorment el qual intenta formar un conjunt unitari.

Es tracta de procurar solucionar temes com l'accés al barri vell per un altre punt, tot travessant la muralla i d'actuar sobre una sèrie d'espais avui dia encara molt residuals.

Els arquitectes encarregats de l'avant projecte entenen que els principals temes a tractar són fonamentalment:

— La prolongació del carrer de les Beates fins a connectar amb la pujada de les pedreres, fent que travessi la muralla i serveixi de suport físic a la plaça de les Beates.

— La creació de la plataforma corresponent a la plaça de les Beates, incloses les escalinates d'accés des de la plaça Marvà.

— La construcció d'un edifici d'aparcaments sota de la plaça de les Beates amb façana a la plaça Marvà.

— La remodelació de la plaça Marvà, amb l'enderrocament previ de les construccions que el Pla Especial preveu d'eliminar.

— Els jardins de l'espai comprès entre el carrer de les Beates i la muralla.

És a dir, ens trobem davant una sèrie de problemes les solucions tècniques dels quals s'especifiquen també en l'esmentat avantprojecte, amb la separació dels problemes per a millor aplicar les solucions que els responsables de l'avantprojecte consideren més adients.

Els problemes més significatius es resumeixen així:

"La perforació de la muralla s'ha afrontat des de l'opció de fer una intervenció que s'entengui com a nova, en contra de la possibilitat de plantejar una intervenció historicista. Aquesta intervenció "nova" s'entén que ho ha de ser tant en la forma com en el material.

En aquest sentit el rectangle és la millor base geomètrica per a una porta de fortes dimensions. L'acabament del rectangle és de totxo vist de 3 cm en concordança amb l'utilitzat en la restauració de la muralla; acompleix la segona premissa assenyalada anteriorment.

Per altra banda el nivell en què es produeix el forat (cota 108) i que és a mitja alçada i no al peu de la muralla ajuda a entendre tant la forma com la mena d'intervenció.

Un cop passada la muralla, el carrer de les Beates, continua amb una passera penjada, que permet entendre aquesta nova intervenció a la banda externa de la muralla i evita la interrupció dels jardins d'aquesta banda perquè permet el pas de vianants per sota de la muralla.

La plaça de les Beates pròpiament dita consisteix en una plataforma perimetral a la cota 108 m respecte a la plaça Marvà i que és limitada per aquesta plaça i pel carrer de les Beates.

Des de la plaça Marvà s'accedeix a la plaça de les Beates per dues escalinates, una adossada a la muralla i l'altra a les cases allà situades. Aquesta escala permet el màxim alliberament de la muralla i al mateix temps

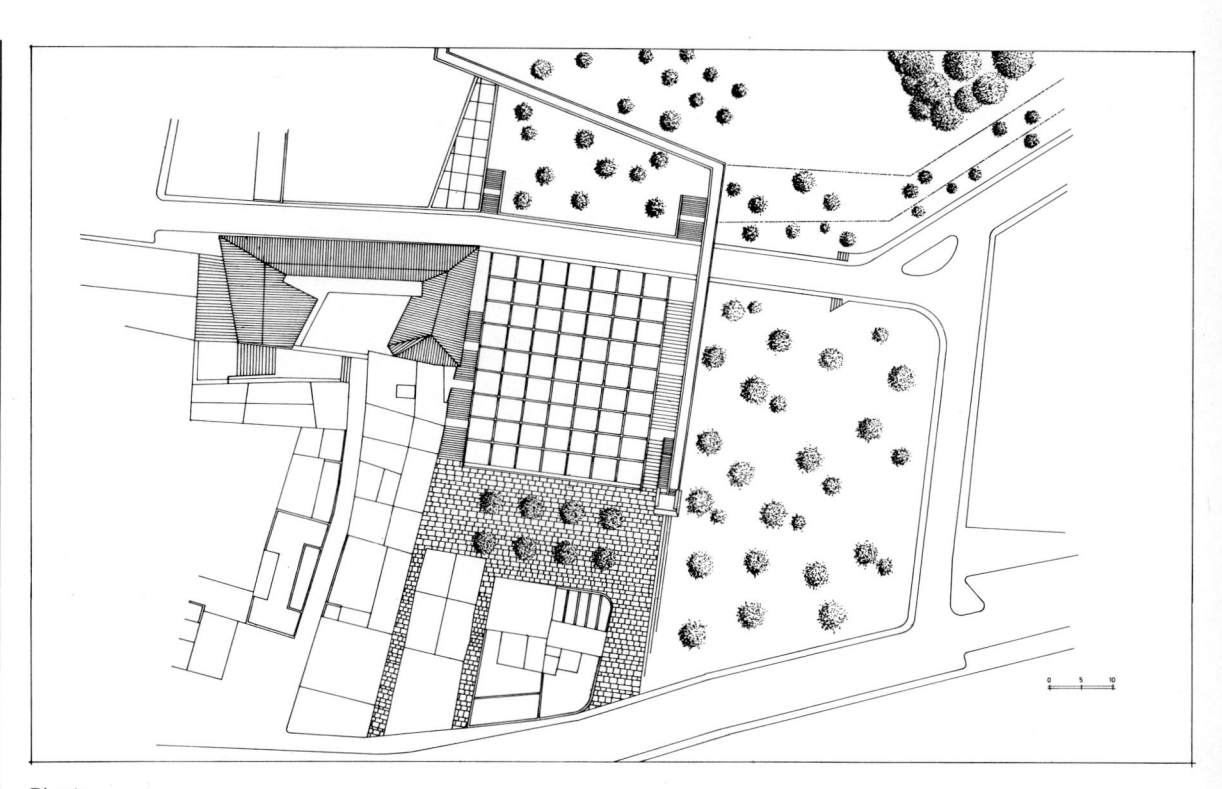

Planta

comporta una forma d'entrega del volum que crea la plaça amb la muralla.

El paviment de la plaça presenta una quadrícula a tall d'element ordenador que consisteix en unes tires de pedra grisa deixada tal com surt de la serra, i la resta és pavimentada amb lloses de travertí o similar.

Sota la plaça de les Beates i amb façana a la plaça Marvà, es preveu la construcció d'un edifici d'aparcaments que compleix les determinacions del Pla Especial i que ha de constituir una descongestió de vehicles en aquesta zona.

En el present avantprojecte s'inclouen dues solucions d'aparcament que plantegen diverses alternatives i que en un dels casos comporta la introducció de petits locals comercials amb façana a la planta baixa del carrer Marvà, amb la pretensió de generar una revitalització comercial de la zona.

Aquest edifici d'aparcaments, al mateix temps, dóna accés a la planta soterrània de l'edifici veí en construcció, en principi també previst per a aparcament.

La nova plaça producte de l'enderrocament dels dos edificis, tal com preveu el Pla Especial, es planteja com una zona evidentment de vianants, llevat de l'accés a l'edifici d'aparcaments de nova construcció i del servei als edificis veïns.

Aquesta plaça, pavimentada amb llambordes de pedra de Girona, inclou la plantació de vuit arbres, en un principi moreres, posats paral·lelament a la façana de la nova construcció.

La línia de la muralla marca el límit de la plaça Marvà i delimita el canvi de tractament entre la plaça pavimentada i la resta de la zona amb jardí."

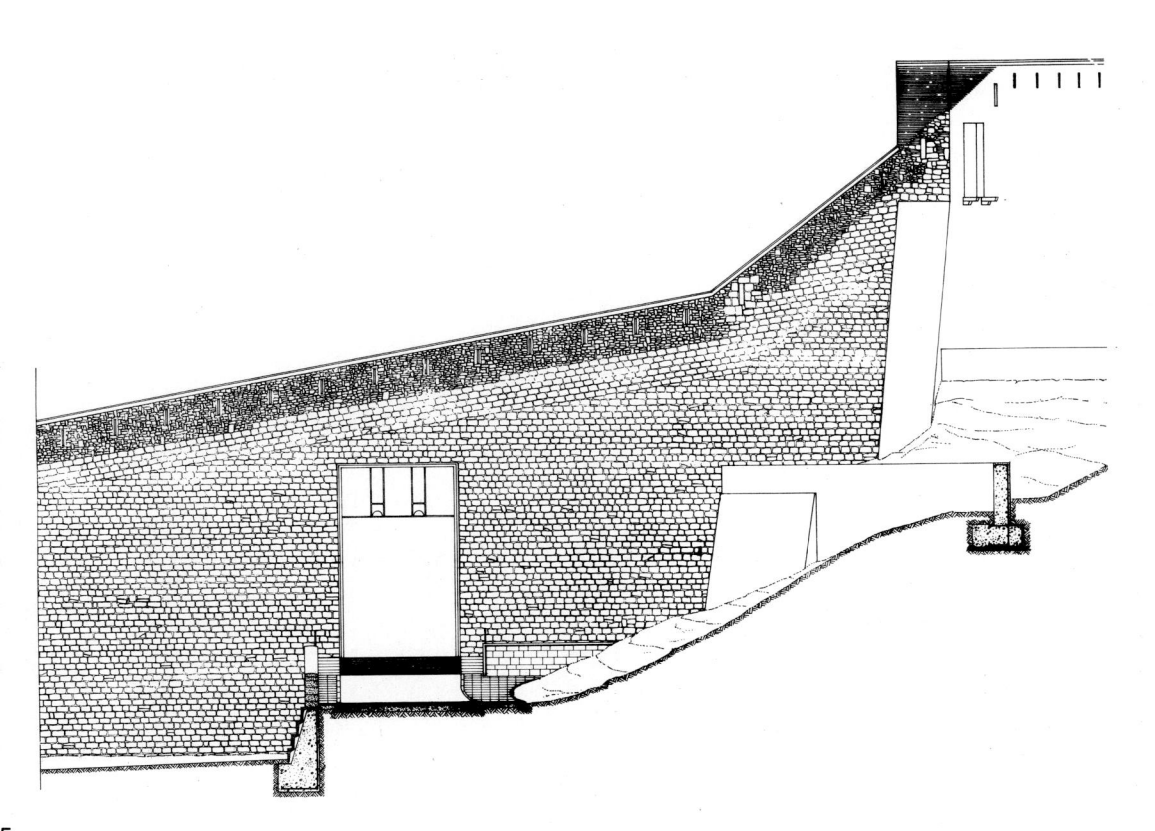

GIRONA 6

reforma de l'edifici per l'Associació Benèfica "La Caritat"

Arquitectes: Joan Escribà i Serra i Mª Dolors Nadal i Casaponsa
Aparellador: Agustí Vidal i Daban
Constructor: Construccions Lloret, S.A.
Projecte: 1981
Realització: 1982
Pressupost d'adjudicació: 6.001.627,—

Es tracta d'intentar d'adequar l'edifici al programa municipal d'assistència social. Remodelar un edifici per garantir un millor funcionament del servei públic que cal proporcionar passa necessàriament per una optimització de la forma de la planta preexistent, per una millora d'accessos i de circulació i per una previsió de serveis que garanteixi, en el futur, el funcionament de l'edifici.

Els responsables d'aquest projecte entenen que també és important que el centre funcioni de dia, així com que és imprescindible situar un centre de diagnòstic social que puguin utilitzar els usuaris aliens a la Llar de Transeünts.

Respecte als criteris formals, els arquitectes han optat per una proposta que descriuen així:

"Atès que moltes de les dependències tenen la façana de major longitud orientada al S. i que aquesta façana en l'actualitat és pràcticament cega, s'ha cregut necessari practicar-hi una sèrie d'obertures. Aquestes obertures es projecten en una línia d'estricta sobrietat. Per raons de salut estructural de la paret de tancament, en aquestes obertures domina la verticalitat i la seriació per sobre de l'element individualitzat tot mantenint les preexistències. L'entrega de les noves obertures amb el parament de pedra s'efectuarà mitjançant una cantonera de ceràmica vidriada que les diferencia de les ja existents, construïdes amb llindes i brancals de pedra picada.

Encara que en l'alçat s'ha dibuixat la totalitat d'aquesta façana, s'han pressupostat només les obertures corresponents a la Llar.

El tractament de l'acabament de façana consisteix amb el sanejament de la paret de pedra i el posterior rejuntament de les degollades.

Es formalitza l'entrada mitjançant un aixopluc i es marquen els recorreguts exteriors amb unes jardineres. L'escala annexa a la façana serà de formigó vist amb barana metàl·lica.

A l'interior s'han respectat al màxim els elements estructurals de l'edifici posant especial cura en la consecució d'un ambient acollidor, respectuós, dins del possible, amb la intimitat individual de l'usuari. Les cèl·lules dormitori amb lleus elements de separació pretenen aconseguir aquest fi, que s'ha cregut prioritari."

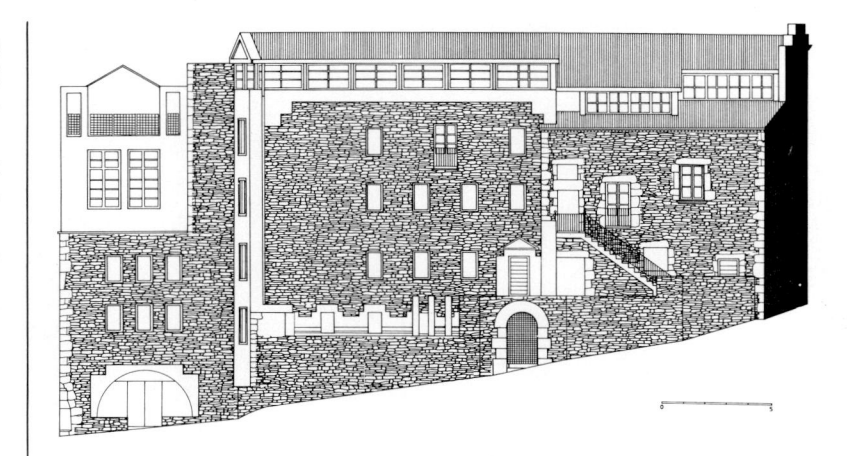

Façanes projecte

Plantes (a l'esquerra de dalt a baix planta 1, 2 i 3. A la dreta la 4 i la 5)

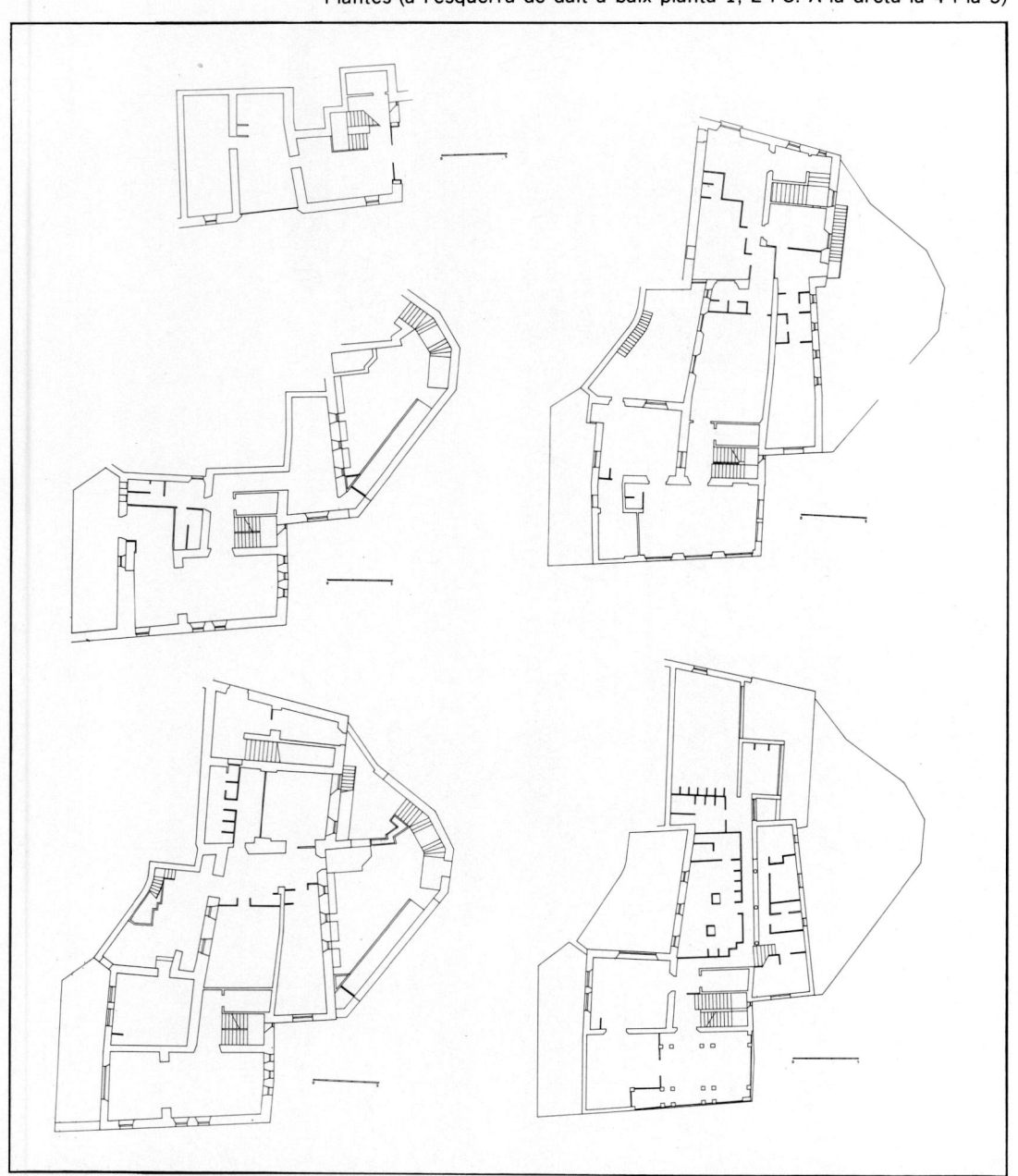

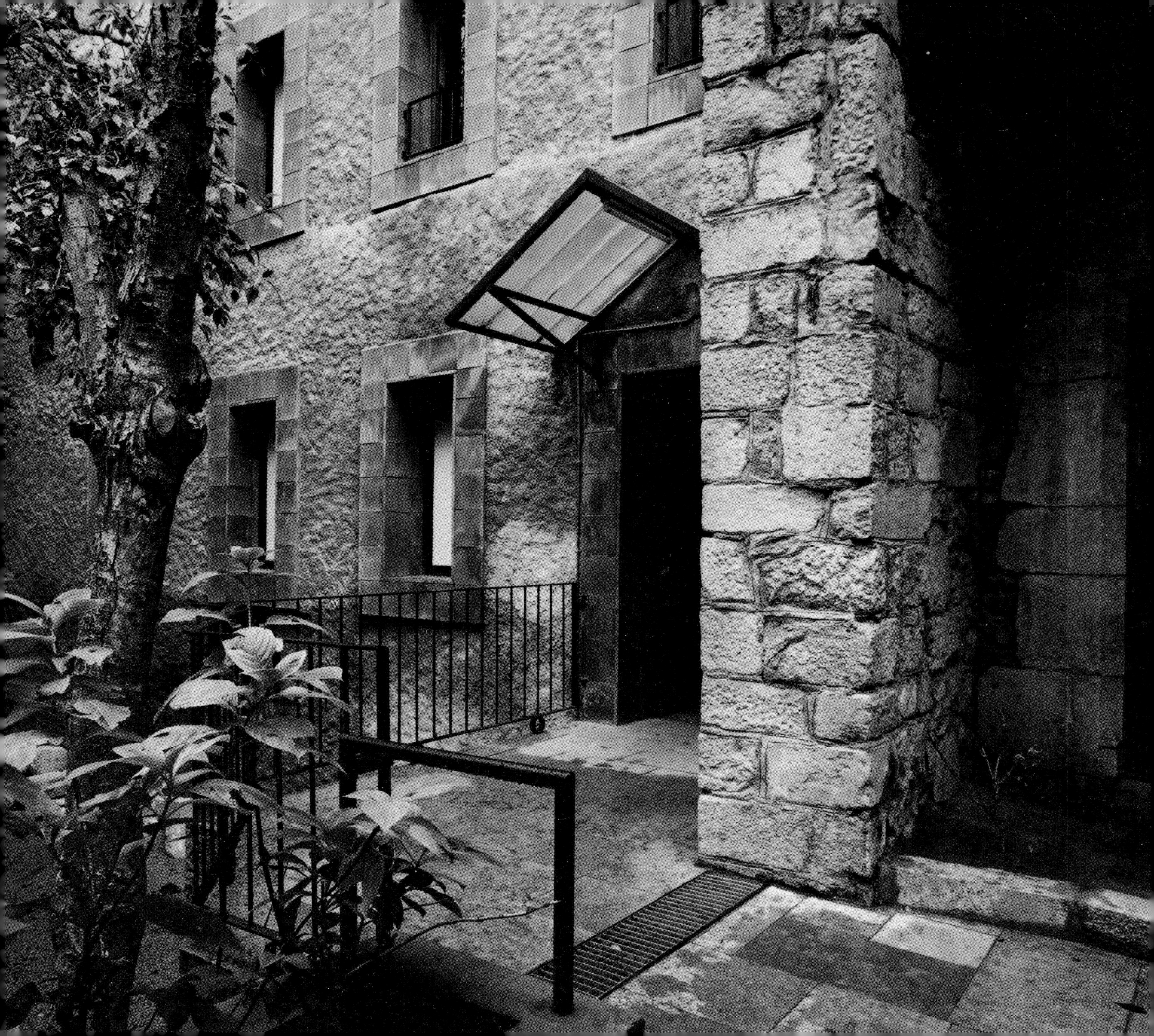

Detalls interiors

Detalls interiors

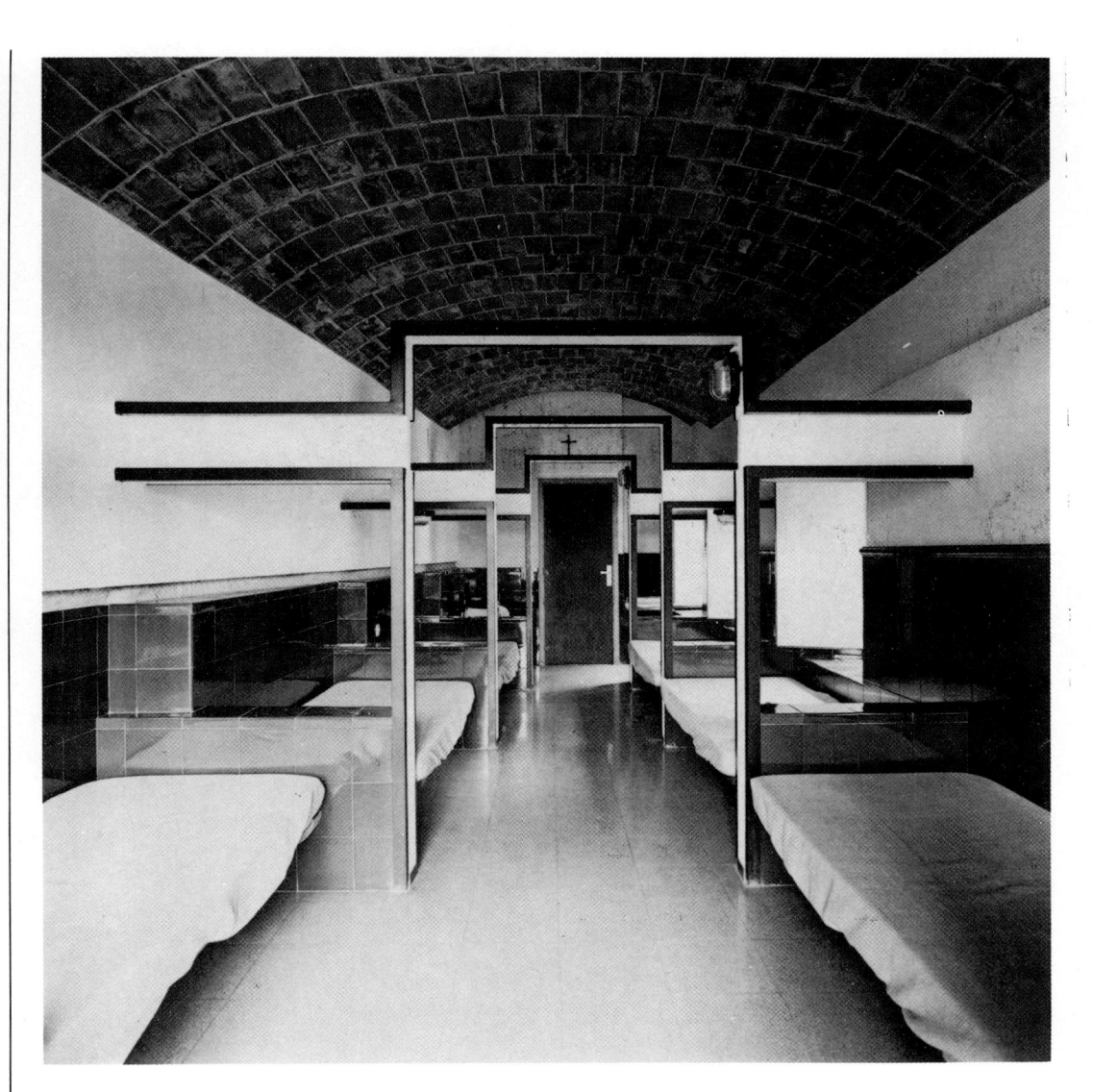

GIRONA 7

restauració i reconstrucció de l'edifici al Portal de la Barca i projecte de la Plaça de Sant Feliu

Arquitectes: **Joan Escribà i Serra i Mª Dolors Nadal i Casaponsa**
Aparellador: **Josep Castellano i Costa**
Constructor: **BRYCSA**
Projecte: **1982**
Realització: **1984**
Pressupost d'adjudicació: **46.635.000,—**

Es tracta de dissenyar de nou un espai urbà al voltant d'una arquitectura ja existent amb prou entitat com és l'església de Sant Feliu.

Si volem dir-ho més concretament: actuar en un edifici i redissenyar una plaça amb la intenció de revitalitzar una altra part de la ciutat.

Quant a l'edifici, l'obra presenta molts condicionants preexistents (estructurals, formals o funcionals) dels quals els arquitectes responsables de redactar el projecte són conscients, ja que forçosament han d'ésser tinguts en compte a l'hora d'enfrontar-se amb el problema.

La proposta es resumeix així:

"Segons l'avenç del Pla Especial del barri antic de Girona, exposat al públic es preveu l'enderroc dels edificis núm. 3, 5, 6, i 8 del carrer de Sant Narcís (Pou Rodó) i del núm. 6 del Portal de la Barca. Ateses les dificultats que aquests enderrocaments comportarien i atès el relatiu bon estat de les dues darreres cases, el projecte es condiciona a una mínima intervenció que consisteix en l'enderroc de la casa núm. 6 del carrer de Sant Narcís deshabitada i en estat ruïnós. Aquest enderroc és doblement necessari ja que dóna salubritat als nous habitatges i garanteix l'estabilitat de la construcció avui tan precària a causa de la inestable estructura mitgera de l'esmentat edifici. La façana que dóna al carrer del Pou Rodó, un cop enderrocat l'edifici núm. 6, s'avança un metre per l'actual línia d'aquest carrer, de manera que quan s'acabi la intervenció a la zona, amb l'enderroc del núm. 8 i del núm. 6 del Portal de la Barca, po-

Maqueta de la proposta

drem construir una façana exempta de la mitgera, amb la qual cosa aconseguirem dos avantatges importants: tenir una major llibertat de composició amb la possibilitat que aquesta sigui unitària en tota la façana i no dependre de l'estabilitat de la mitgera, la qual, avui, no podem garantir. La mitgera serà menys afectada, quant menys calgui bocar-la i els problemes que comportaria el seu pas a façana podrien complicar innecessàriament l'obra.

L'obra projectada completaria l'edifici si es reconstrueix el cos posterior, avui esfondrat. L'alineació que es dóna a aquest cos, que conforma la façana principal a la plaça, ve determinada per la perpendicular al carrer de Transfiguera, a partir de l'arc existent, que no sobrepassa l'alineació de l'edifici a enderrocar del carrer del Pou Rodó.''

Un cop vist això, es tracta de mantenir l'estructura bàsica de l'edifici i actuar-hi així:

''Prenem com a eix fonamental el que determina el cos central, d'accés principal, l'obrim, en planta baixa, des del carrer del Portal de la Barca fins a la plaça i l'incorporem a l'espai dedicat a jardí. Allí i a la zona corresponent al pati d'escala es redissenya el nucli d'accessos que, si bé discorre tangent a la primitiva estructura, l'emmascara mínimament.

Es mantenen les façanes existents als carrers del Portal de la Barca i Transfiguera, es completen la planta superior i s'hi creen les dues façanes interiors del pati-passadís, amb un to-

Proposta de reforma, plantes i alçats   Plantes estat anterior

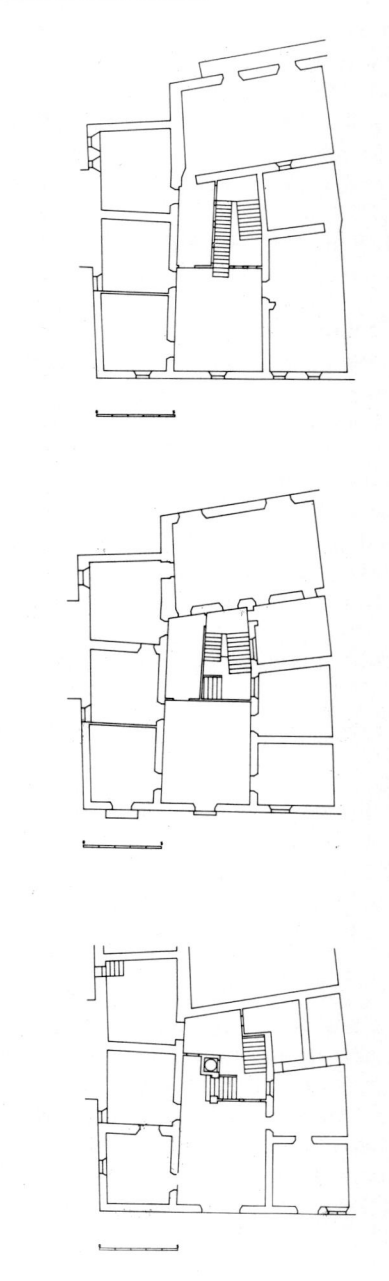

Edifici en construcció

tal respecte a la morfologia preexistent. Les façanes de nova construcció a la plaça i al carrer del Pou Rodó s'ajusten a un ordre summament rigorós, d'acord al seu contingut i a l'entorn.

La planta baixa es destina a dependències municipals mantenint-hi l'estructura de voltes ja existent, sempre que la seva estabilitat ho permeti. Amb idèntic criteri estructural es projecten les plantes superiors, que es destinen a habitatges. La cobertura es construirà de nou mantenint el teulat de la part N. i s'hi farà un terrat i un estenedor cobert a la part S. que correspon a la nova façana."

Respecte a la plaça, el projecte proposat es basa en cinc criteris que es resumeixen de la manera següent:

1. Formació de dues zones articulades i diferenciades, corresponents a dos nivells sociològics i de percepció formal diferents. Cal mantenir una àrea més reservada a l'habitatge al mateix temps que organitzar un espai del tipus de sistema general, vinculat gairebé exclusivament a la peça singular que li serveix de teló de fons a la vegada que de motiu generador.

2. Manteniment de les tipologies espacials característiques d'un teixit medieval, en la zona de penetració, i control de l'esventrament. Conservar el traçat de Transfiguera i del Pou Rodó centrant la boca d'aquest últim. Així mateix ho prescriu el Pla Especial del barri vell de Girona.

3. Formalització de l'escalinata que, en quedar desprotegida de les dues cases que l'emparaven, perd el seu sentit original i evidencia una necessitat formal en

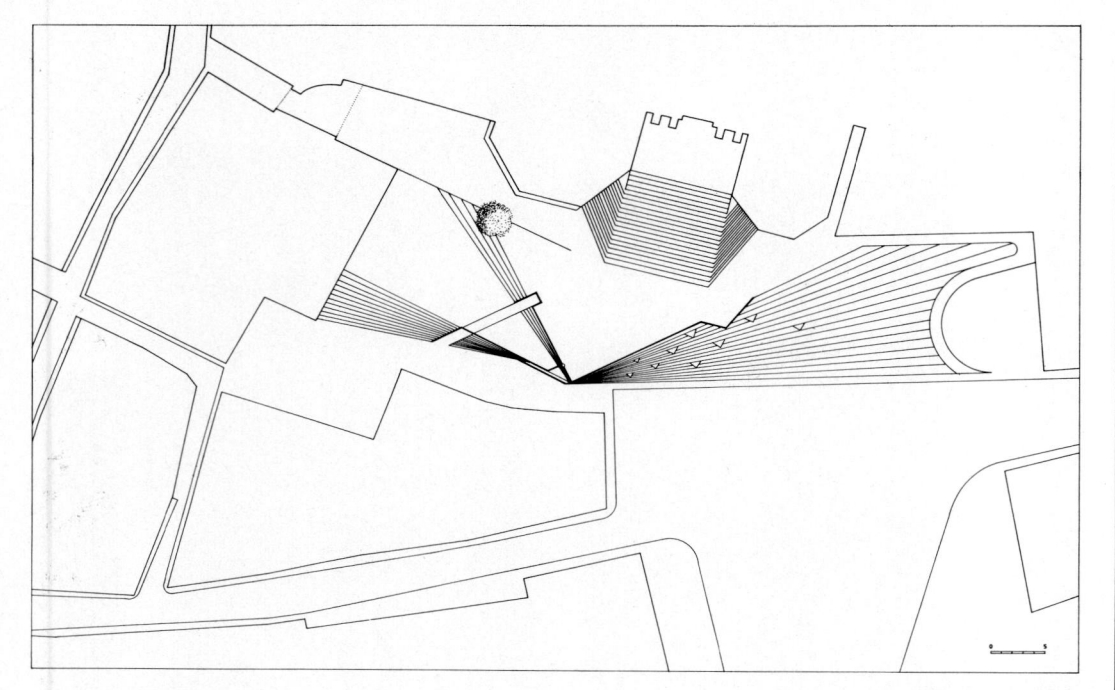

Planta paviment

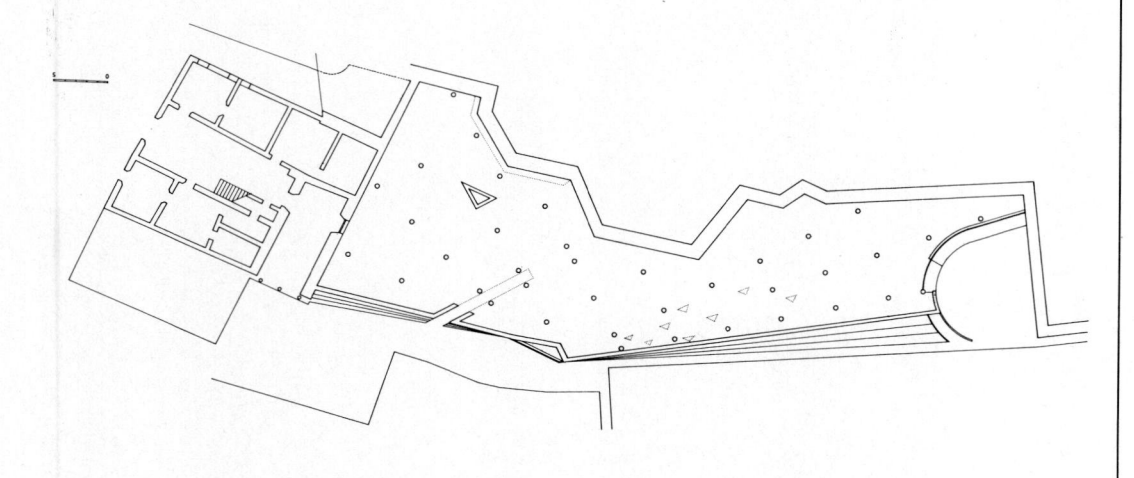

Planta soterrada

relació al gran buit actual respecte del primitiu entorn espacial.

4. És necessari articular l'espai obert, focus de la perspectiva principal, amb l'accés a la seu, que en l'actualitat es troba desplaçat.

5. No intervenir ni afectar el trànsit rodat ni disminuir-ne l'aparcament ja existent.

6. És interessant realitzar una proposta de grans dimensions, que a la vegada sigui realista i imaginativa.

Els esmentats criteris tenen unes respostes formals i ambientals que, a més a més de poder-se apreciar a les fotografies de la maqueta, els arquitectes expliquen:

"Es preveu la possibilitat d'allargar la continuïtat de la base del campanar mitjançant una franja vítria en la seva intersecció amb el pla de la plaça. Es fa previsió d'un accés en el seu punt més singular i obert, originat per la formalització del condicionament creat per la servitud d'accés a les cases veïnes. També es crea un accés-sortida que talla la placeta del Pou Rodó, tot separant la part d'escales inaccessible. Es pot connectar amb la planta baixa de la casa, que està en procés de rehabilitació i que s'havia previst com a espai públic, per mitjà de la nau coberta amb la volta grassa, que s'ha recuperat. Es reforça la il·luminació mitjançant unes lluernes situades també a la part inaccessible de les escales.

A l'eix d'articulació de les dues places, el ventall de les escales ultrapassa la vertical i s'origina una cavitat, en la qual es projecta una banyera per a ocells, alimentada per una fina cortina d'aigua d'una bassa situada al primer nivell, que a la vegada rep l'aigua, que molt discretament degota al pla superior per mitjà d'un canalet que segueix el pendent de les escales.

Les dues places de nova creació són accessibles als minusvàlids. Les àrees d'escales inaccessibles es protegiran amb una lleugera barana de ferro, tot i que queden sempre diferenciades de les zones de pas per formalitzacions concretes.

El canvi d'escala i de nivell de percepció de les dues places, el subratlla la barana que l'envolta. Mentre que la plaça principal mira i té per teló de fons l'església de Sant Feliu, la petita queda emmarcada pel teixit urbà de to menor i per la façana postmoderna de l'edifici en procés de rehabilitació."

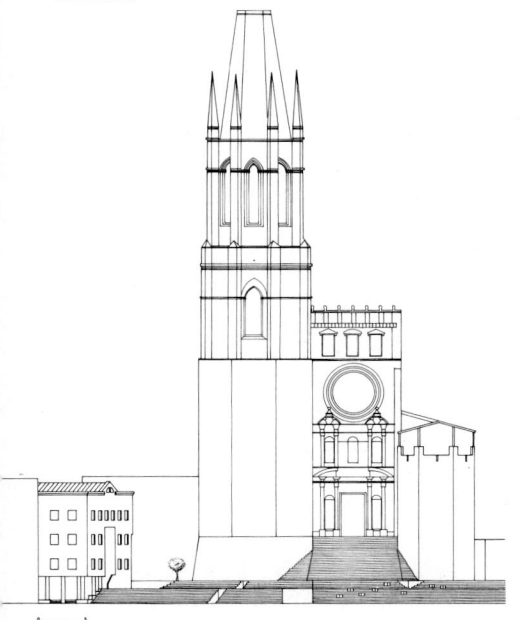

Maqueta de la proposta

GIRONA 8

projecte de restauració del pati de l'hospital de Santa Caterina

Arquitectes: **Joan Escribà i Serra, Mª Dolors Nadal i Casaponsa,**
Josep Puig i Torné i Elies Torres i Tur.

Aparellador:
Constructor:
Projecte: **Gener 1984**
Pressupost: **22.896.688,—**

Un cert estat de deteriorament en què es troba l'esmentat hospital, aconsella una intervenció que intenti mantenir l'apreciable suma d'elements tradicionals d'arquitectura que comprèn les seves façanes.

Els arquitectes emeten un primer diagnòstic a partir d'entendre que l'efecte més greu que es manifesta és l'escrostonament de bona part dels esgrafiats sobre l'estuc de totes les façanes del pati. També es veu clar que el paviment de pedra hi és aixecat en algunes zones i que en la part de l'entrada al pati és desgastat.

Per tal de corregir aquests defectes i perquè en el futur no augmentin, els responsables del projecte recomanen:

"Cal protegir els paraments que conformen el pati amb una generosa barbacana, per tal de minorar l'efecte de les filtracions d'aigua i l'efecte directe de la pluja en l'estucat. Amb aquest mateix criteri es determina que els baixants de recollida d'aigües de pluja quedin separats de les parets. Aquesta cornisa, a més de complir amb la funció abans esmentada, té un sentit formal bàsic per a la coronació del pati.

Independentment de la construcció de la cornisa, que assegura una major durabilitat en l'acabat de les parets, caldrà sanejar i reproduir aquelles parts de l'esmentat acabat que estan deteriorades, per a la qual cosa caldrà un delicat treball d'aplicació, de manera que no s'acusin contrastacions violentes de color.

S'ha comprovat també que el sòcol, actualment estucat i molt deteriorat, es desprèn per efecte de la humitat que conté la base de la paret i s'ha considerat prudent, pensant en la solidesa de l'obra, refer-lo amb un aplacat de pedra, la formalització del qual és dibuixada als plànols adjunts. Així mateix i per ordenar el pati, avui força desgavellat per les accions puntuals que s'hi han efectuat sense cap intenció formal, es preveu la col·locació de portelles en gelosia de fusta a totes les obertures de la planta baixa que cobreixin les existents de tancament posterior. Per aconseguir la finalitat abans esmentada s'ha previst uniformar les finestres incloses en el sòcol amb un marc ovalat de la mateixa pedra. Així mateix s'actua posant a igual alçària els dintells de les portes.

Quant al paviment es refaran les parts deteriorades i se substituiran els anells a les bases de les magnòlies, i es deixaran al mateix nivell que la resta del paviment."

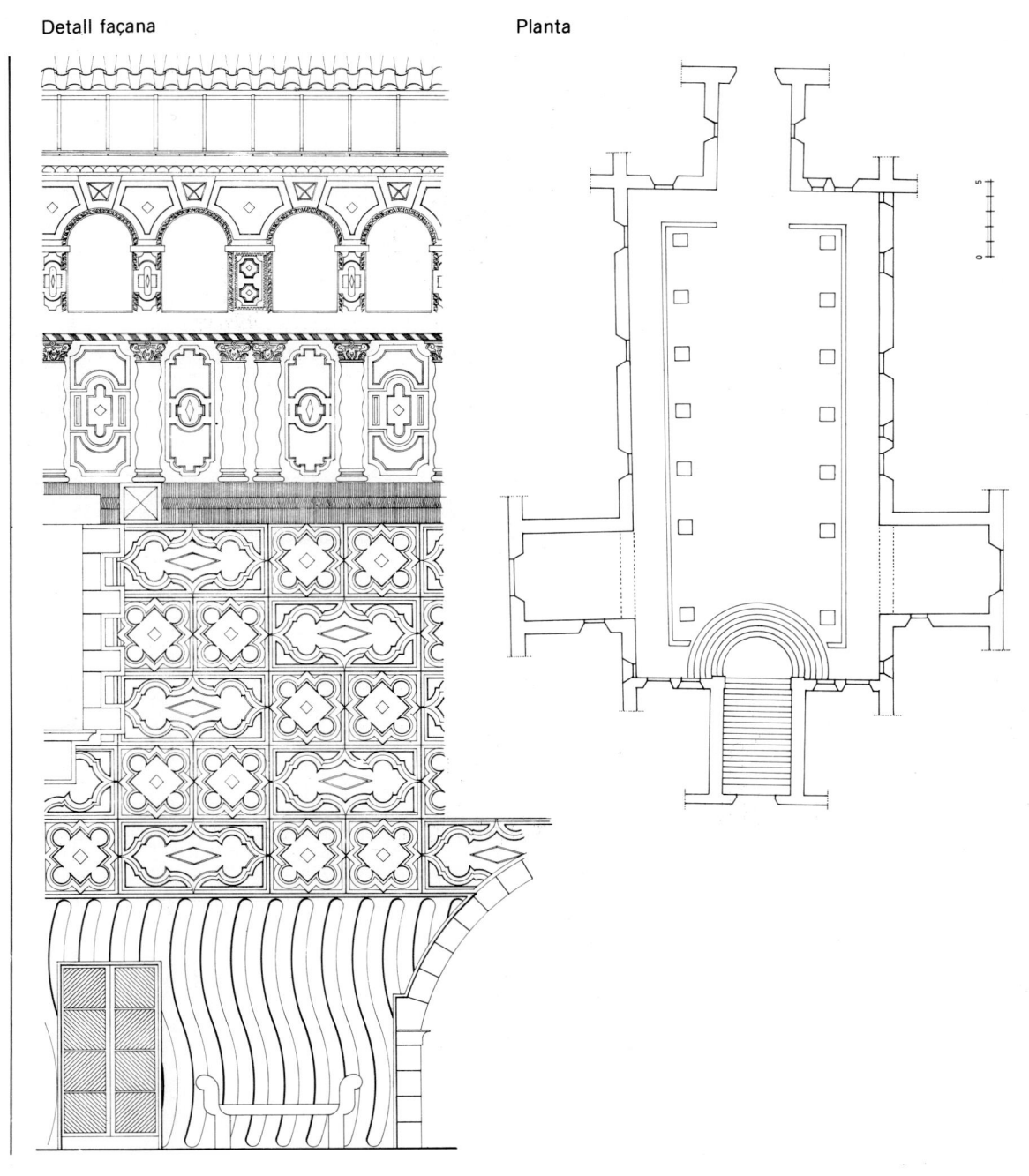

Detall façana

Planta

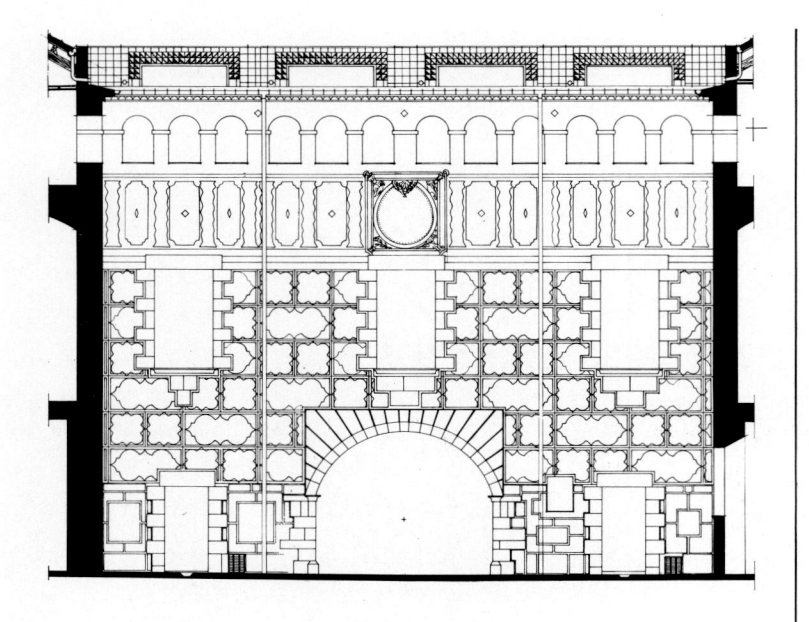

Estat actual

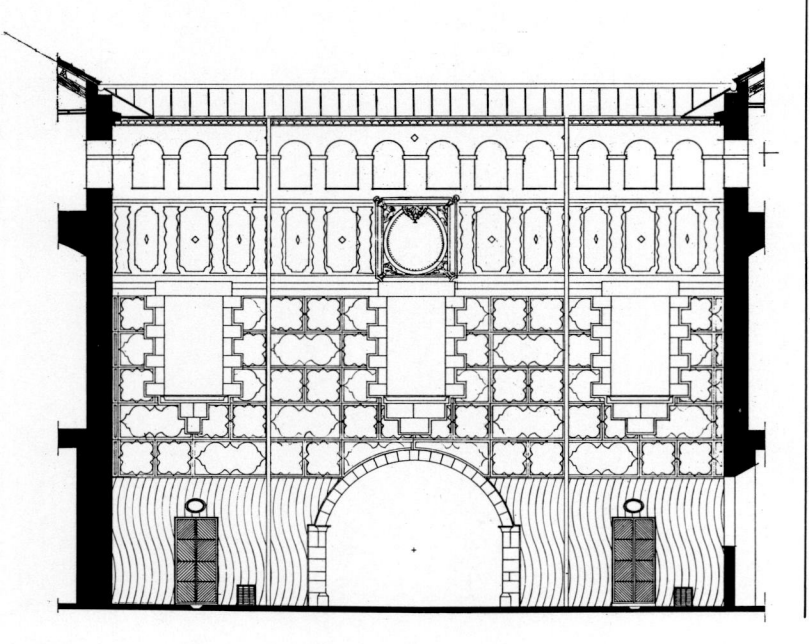

i proposta restauració.

71

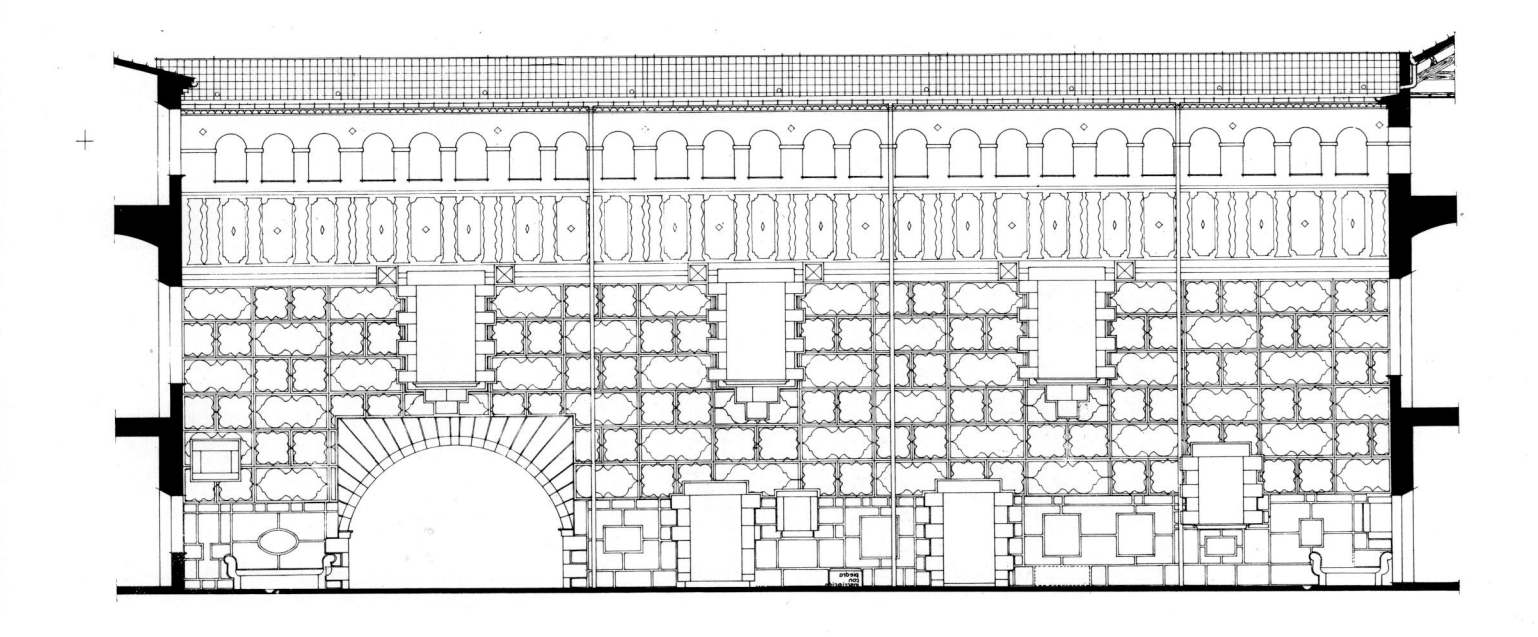

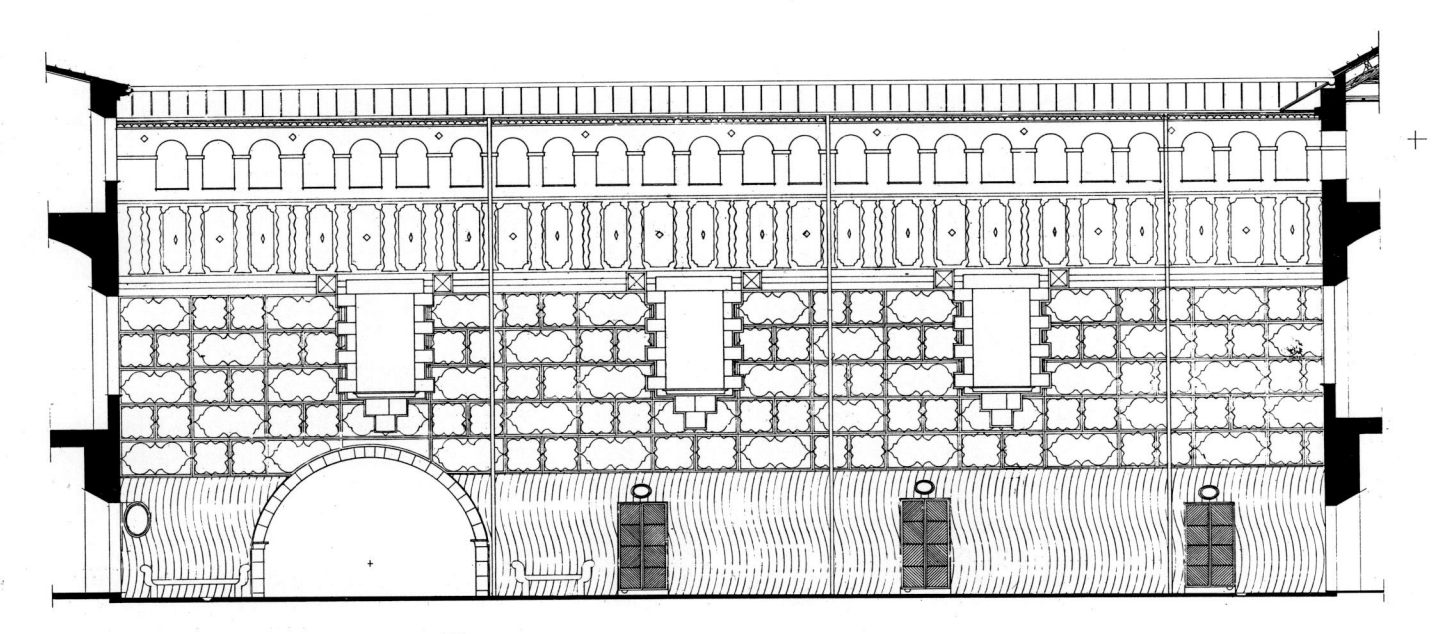

GIRONA 9

proposta d'ordenació d'un espai públic (antic Col·legi dels Maristes)

Arquitectes: **Andreu Bosch i Planas, Josep Mª Botey i Gómez i Lluís Cuspinera i Font.**
Projecte: **1984**

Es tracta d'actuar en una zona oberta on successives intervencions en dificulten profundament la metodologia a emprar en vista a solucionar els problemes que es plantegen. Malgrat tot, segons els encarregats de resoldre l'avant-projecte, es tracta de buscar de nou la identitat primigènia de la zona en estudi a partir de reconvertir el volum adulterat en un altre de més adient a l'original.

Per arribar a aconseguir aquests objectius els arquitectes precisen que és necessari:

"Recercar la muralla romana, i conquistar la seva incorporació al camí o pas perimetral al conjunt, així com compli tot el que es preveu en el Pla esmentat, en enderrocar part de l'edifici que resta adossat a la muralla i amb façana als carrers Dr. Oliva i Prat i de la Força. A partir d'aquest punt, la proposta condueix a la separació del cos adossat, recular el pla de façana i rebaixar una planta per tal de descobrir la ciutat des de la cota superior i que la ciutat descobreixi l'existència d'un clos.

Aquesta separació produeix un pati-camí no pas més ample ni més estret que el mateix carrer del barri. Així, doncs, la muralla al mateix temps que es descobreix es va visualitzant des de cadascun dels possibles accessos als locals recuperats. Cal donar i instrumentar legalment el procés que permetria de convertir la mitgera que apareixeria i donar-li codi de façana."

Aquesta actuació permet alliberar un espai d'ús públic que es defineix així:

"El jardí, aquest jardí privat,

Axonomètrica de conjunt

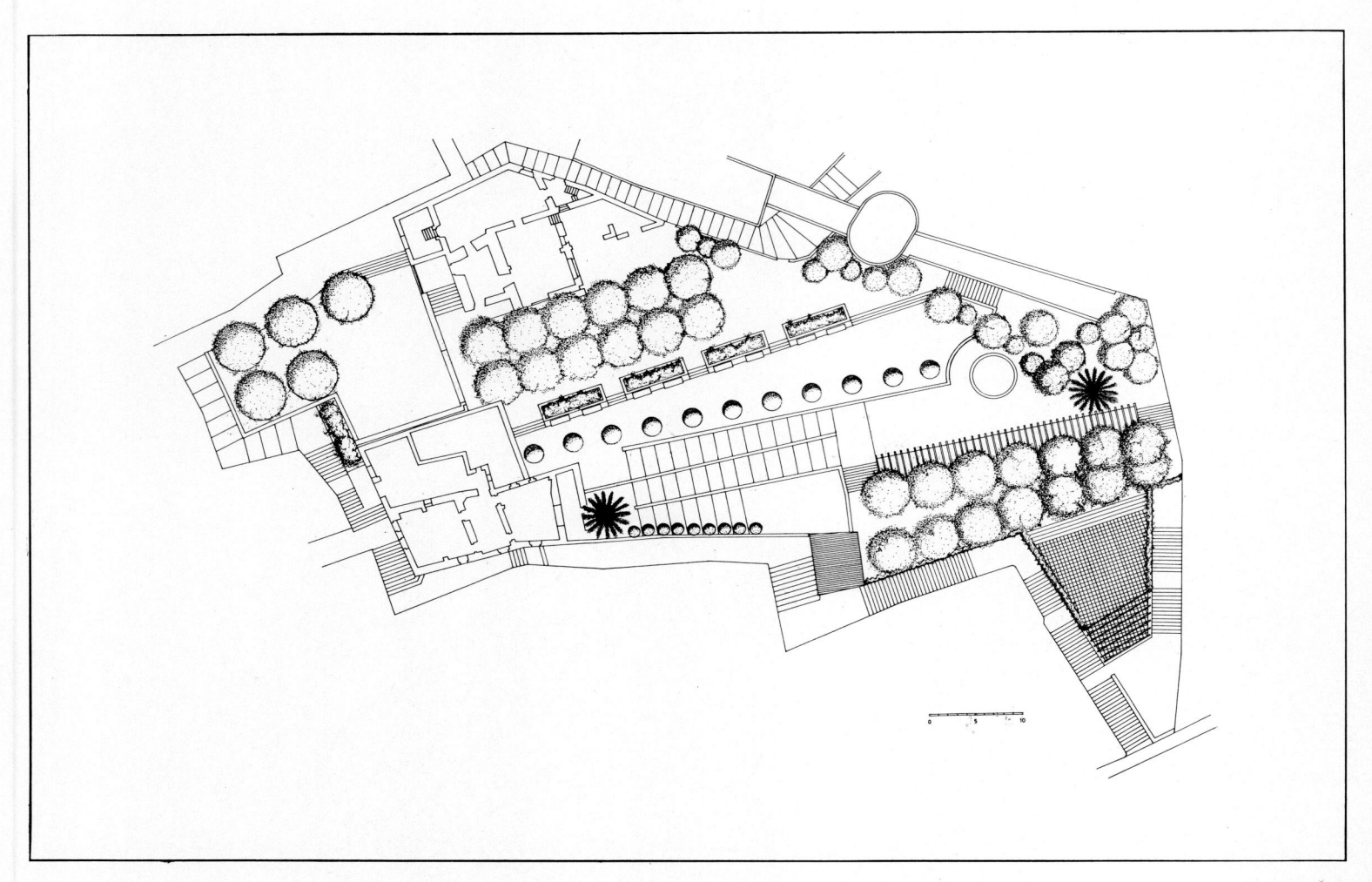

Planta

aquest jardí clos, d'interior de muralles es converteix ara en un espai públic; però amb una voluntat de mantenir-se introvertit i tancat.

La topografia obliga a confegir un encadenat de plans que tipifiquen perfectament cada zona i provoquen interdiàleg. Així, doncs, es defineix una successió d'esdeveniments que es podria reduir a:

1. Passeig dels til·lers. De curta expressió, que pràcticament no arriba a ser més que una successió ordenada d'ombres que encercla uns espais en ambdós casos closos, o bé suportats per elements característics o fites.

2. Des d'un sostre arbori. Un devesall de plantes aromàtiques damunt d'uns parterres de totxo i un fons de xiprers que apunten al cel i emmarquen la ciutat.

3. L'aigua. Un broll, una bassa retallada per un límit de sauló, que conté generosament carpes, nenufars, cards i papirs, ombrejat per quatre alzines de copa rodona.

4. Un passeig de graons. Un eix de connexió guiat entre una barana-balcó i un mur amb plantes enfiladisses (perennes i caduques) on el color i la flor hi és tot l'any, vorejat d'un mur de bolengues, l'última i la primera ombra de l'estiu i una càlida i esclarissada gelosia a l'hivern. I l'altre passeig que festeja els anys històrics que contenen la muralla i la torre.

5. Una pèrgola amb glicines aromàtiques que et refresquen i perfumen mentre esguardes la ciutat; el mirador com a proa d'un vaixell que avança cap a ella.

Totes aquestes possibilitats mantenen sempre clares referències a models històrics adients al barri i a la ciutat. Per la Girona romana, per la Girona medieval, per la Girona d'avui."

GIRONA 10

la Plaça de Sant Domènec

Petita actuació que contribueix també a aquesta requalificació de l'espai urbà que s'observa en els projectes de Girona.

Una catifa de pedra i un tractament acurat dels límits físics d'allà on s'intervé (el mur i la tanca calada) permeten reflexionar al voltant de les noves possibilitats de fruïció de l'ambient i d'arquitectura d'aquest barri vell.

Arquitectes: Jordi Bosch i Genover, Joan Tarrús i Galter i Santiago Vives i Sanfeliu.
Col·laborador: Jaume Casas i Lluís (Arquitecte)
Constructor: Capdeferro, s.a.
Projecte: 1981
Realització: 1981
Pressupost d'adjudicació: 4.631.537,—

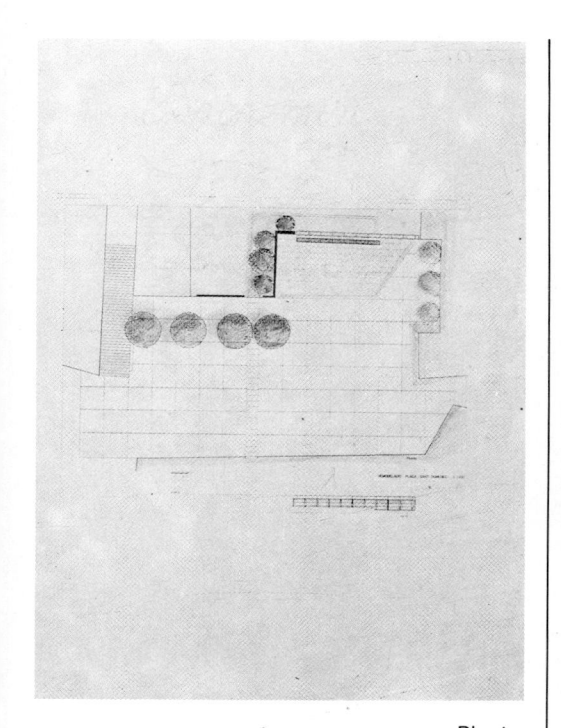

Planta

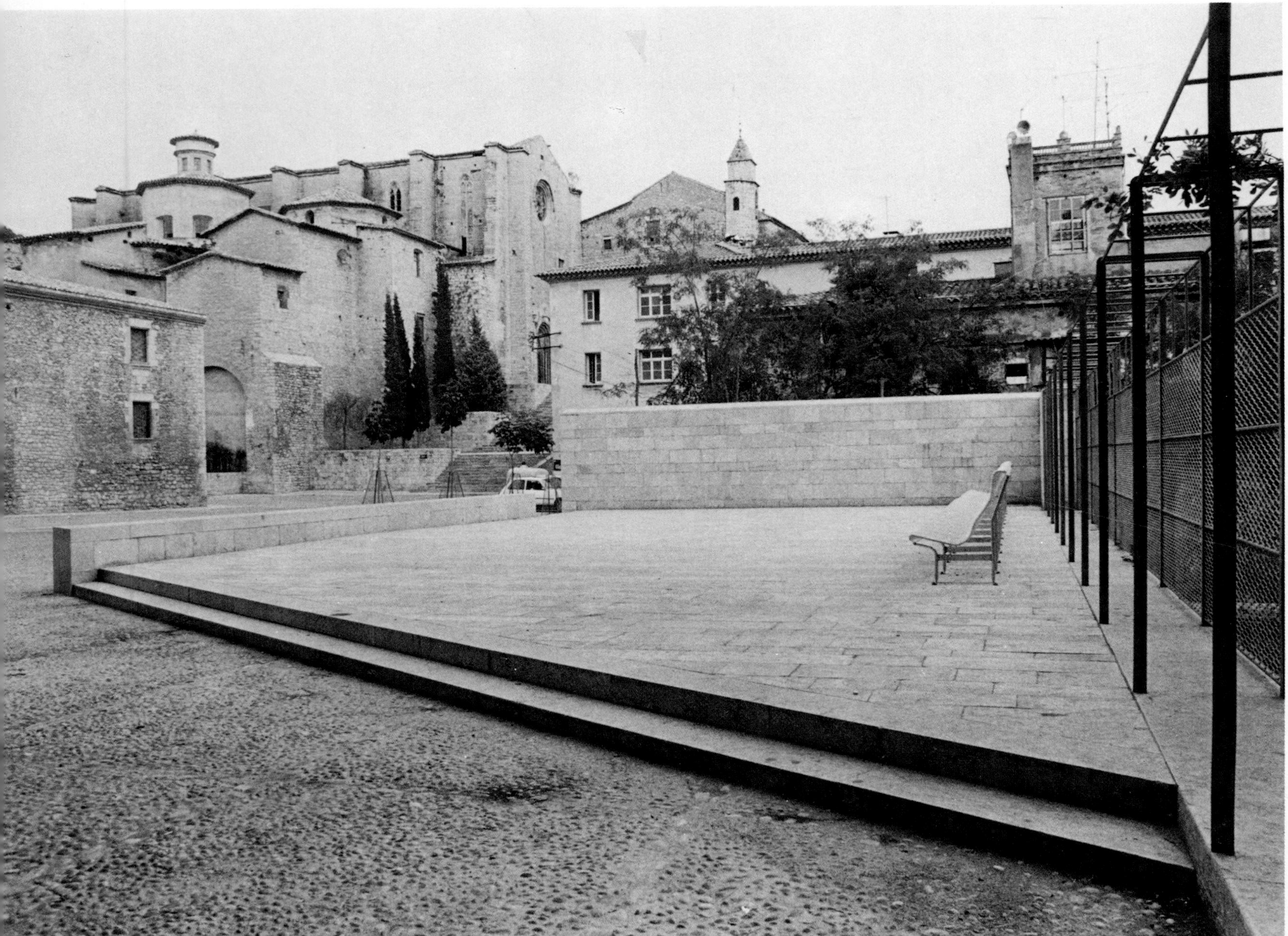

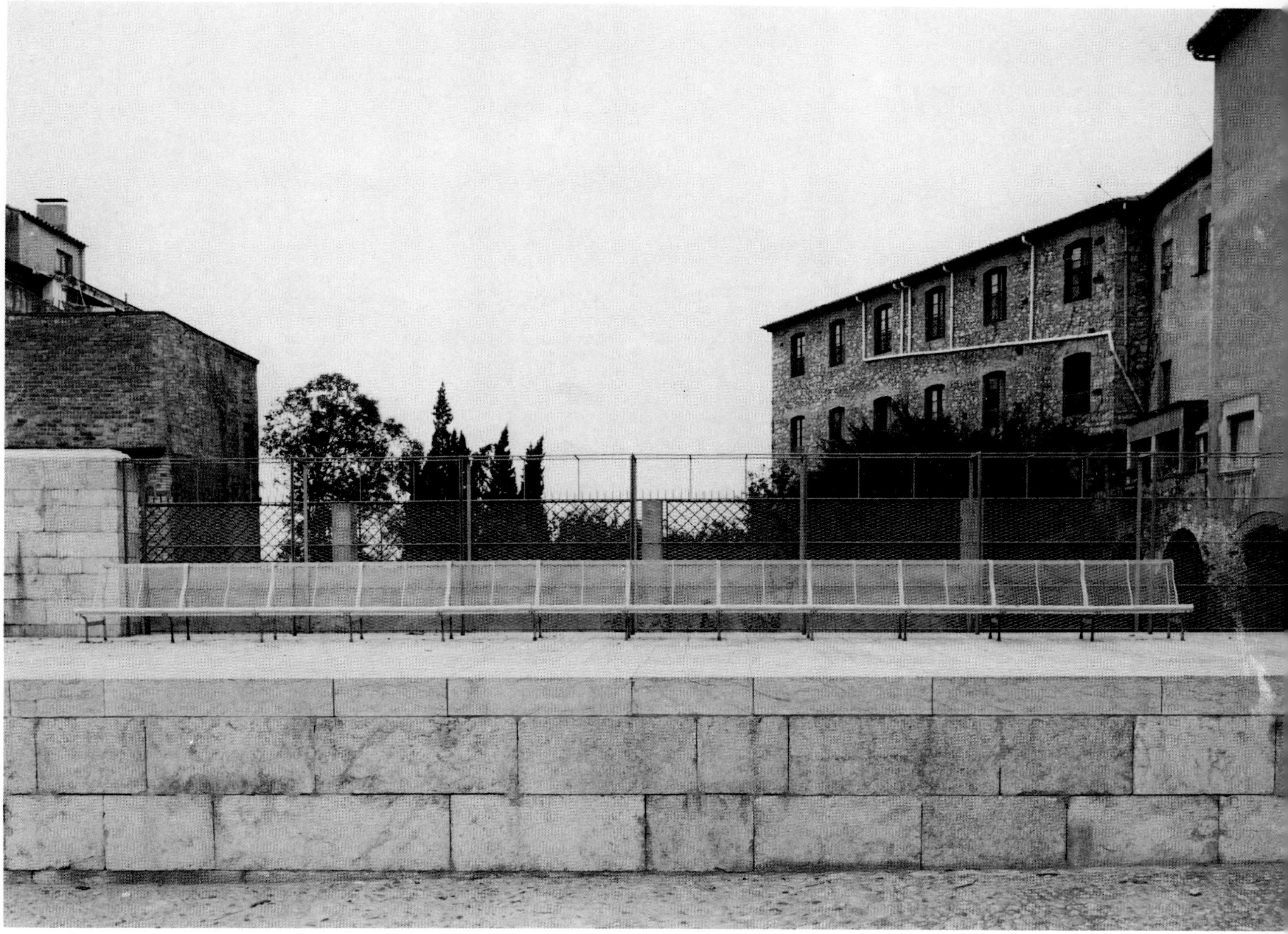

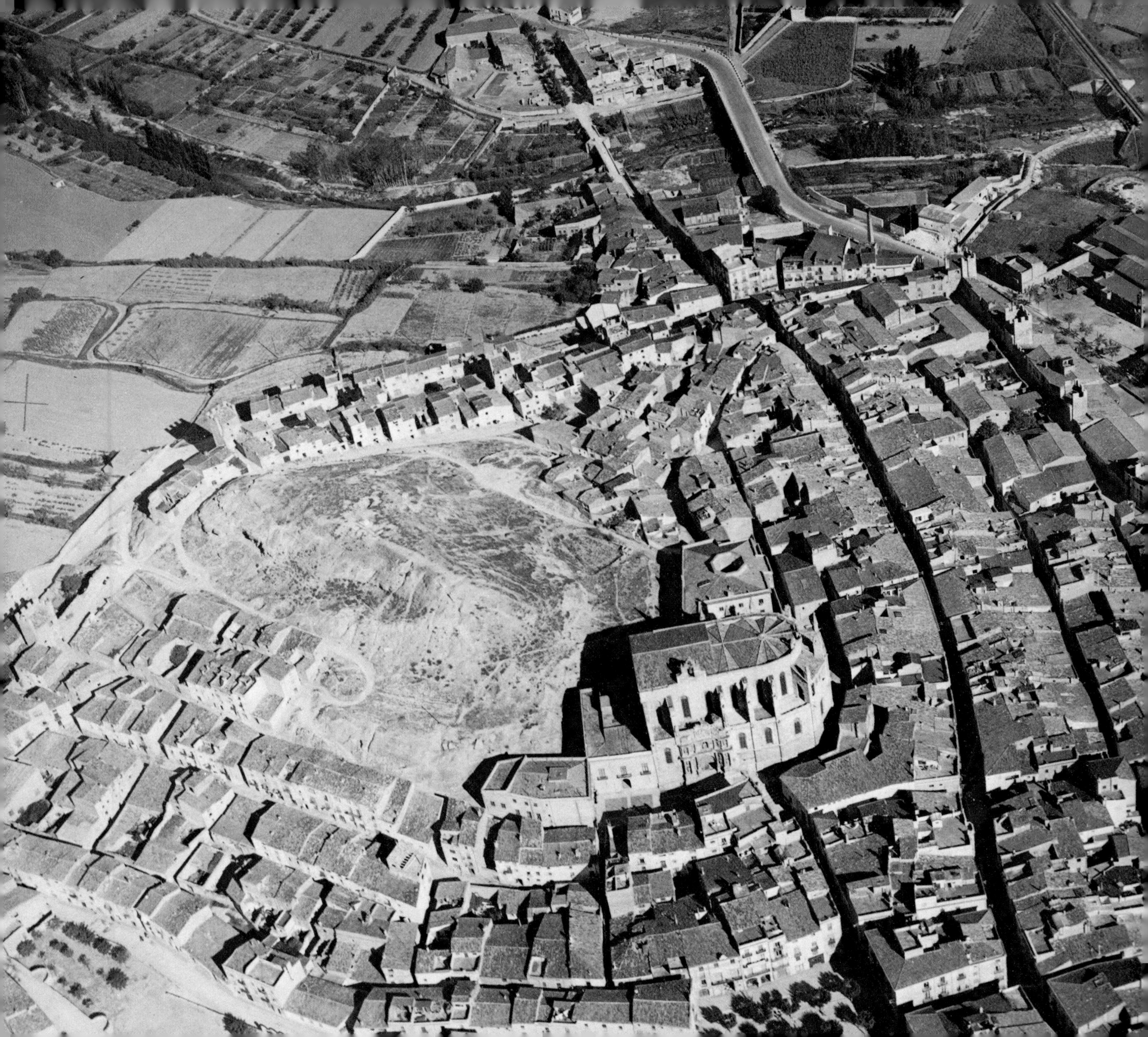

MONTBLANC

la història subratllada

Arquitecta: **Montserrat Adroer i Tasis.**
Projecte: **1984**

El projecte planteja solucionar un problema d'una part de la vila provocat segurament per manques dels habituals criteris d'actuació en els nuclis vells que ara ja no són adients.

La iniciativa de la Direcció General d'Arquitectura i Habitatge queda clara (en el sentit que s'ha apuntat) en la presentació de la memòria que els seus serveis han elaborat: un cop establertes, les relacions amb el municipi s'ha fet palès que si bé a Montblanc, durant molts anys, s'hi han fet moltes i constants obres per salvar i posar en relleu la muralla del segle XIV, aquesta circumstància té contrapartides per al creixement i desenvolupament de la ciutat, una de les quals es concreta a l'entorn del pla de Santa Bàrbara. El tribut de mantenir la muralla del segle XVI en condicions originàries es materialitza amb un seguit de fets urbanístics radicats a l'interior i a l'exterior del perímetre murat.

Aquesta inèrcia ha fet molt dificultós plantejar-se la possibilitat d'intervencions parcials, que òbviament arreglarien una sèrie de problemes reals que la vila presenta, i que d'altra banda s'integrarien en un corrent de pensament més actual: recuperar part de la ciutat antiga per qualificar el seu ambient. Rehabilitar, per millorar les condicions de vida i per subratllar una història que no és lineal, aquesta seria la intenció d'aquesta proposta de la Direcció General d'Arquitectura i Habitatge. Prescindir d'una sacralització del monument i ocupar-se d'una utilització de la ciutat, molt més des de la quotidianitat i des d'entendre que arquitectura no és sols construcció monumental, sinó allò que

William Morris anomena la formalització de l'entorn de la vida de l'home.

Enunciats aquests criteris, el sentit del projecte s'entén bé des de la memòria que els autors redacten així:

"**A mitjans de l'any 1983 i després d'unes converses amb l'Ajuntament, la Direcció General d'Arquitectura i Habitatge pren novament la iniciativa d'una possible intervenció en el barri antic de Montblanc, i estudia diferents propostes al tossal i a l'entorn de Santa Bàrbara.**

Un cop examinat el contingut del Pla General en el qual es fa referència a aquest àmbit, s'observa que la solució dels seus problemes es condiciona a l'anunci d'una necessitat del Pla Especial de Reforma Interior, figura urbanística adequada però carent de directrius per al seu desenvolupament.

A grans trets podem dir que l'àmbit que ens ocupa és constituït per un autèntic camp obert format pel tossal i el pla que el corona, on han estat investigades unes restes de l'antic castell de Montblanc. A la perifèria de la base del tossal hi ha una sèrie d'edificacions i terrenys en situació clarament marginada, on destaca, pel seu caràcter de conjunt el carrer Mur, que no és pavimentat i té un fort pendent, ple de rocs i de forats que quan plou el fan pràcticament intransitable. El nivell de serveis es molt precari, tant pel que fa al clavegueram com a l'enllumenat públic. Els habitatges, que per un cantó tenen façana al carrer i per l'altre són enganxats a la muralla, s'han anat degradant a causa en gran part de la incertesa sobre el seu futur.

Estat actual

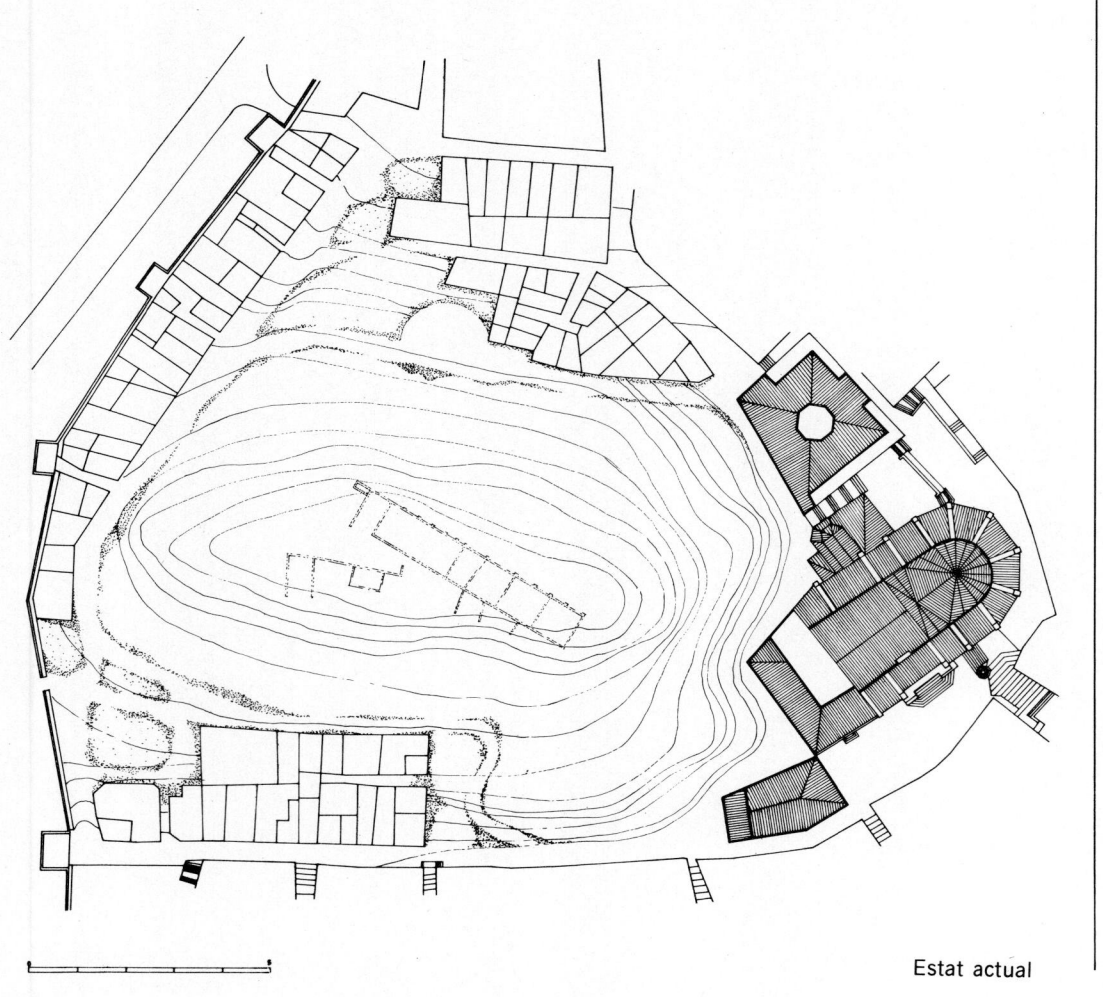

És un fet constatable que la política seguida durant anys pels organismes responsables de la defensa del patrimoni artístic i arquitectònic ha consistit a deixar lliure la major part possible de la muralla, expropiant i enderrocant els habitatges que li eren tangents. Aprofitant el fet que Montblanc conserva pràcticament intacte tot el perímetre de muralla s'ha volgut deixar com a exemple per excel·lència de vila fortificada del segle XIV. Per tant, d'acord amb aquesta política, els habitatges del carrer Mur eren destinats a desaparèixer.

ELS CRITERIS DEL PROJECTE

Atesa la importància del carrer Mur dins de tot el conjunt que forma el pla, es plantejava un primer dilema respecte al destí dels seus habitatges: s'havien d'enderrocar per deixar la muralla vista o bé es respectaven com una part integrant de la vila i es proposava la seva millora? No existeixen criteris segurs encara establerts al respecte, i la balança s'ha decantat cap a aquesta segona solució per diverses raons.

La primera d'aquestes raons és el gran cost social del trasllat de les 24 famílies a un altre lloc. Els habitatges del carrer Mur tenen una llarga història, han passat de pares a fills i encara que el carrer estigui en males condicions, els veïns se l'estimen i no volen anar-se'n. Cal assenyalar que l'orientació és immillorable. Les converses mantingudes amb els veïns han demostrat la seva voluntat de restar-hi i d'arreglar-se la casa sempre que hi hagi garanties que no seran diners llençats.

D'altra banda, l'existència d'aquests habitatges no impedeix contemplar l'aspecte imponent de les muralles, precisament pel cantó on són més altes, és a dir, des del carrer Baluard de Santa Anna. És cert que, al llarg dels anys, els veïns han cercat una ventilació al cantó de la muralla i han obert petites finestres, però no tenen cap importància dins de la gran extensió del mur.

Un cop decidit de deixar-hi les cases, s'han concretat les obres necessàries per transformar la imatge de marginació que ofereix el carrer. D'un cantó són obres d'infraestructura (clavegueram, conduccions d'aigua, enllumenat i pavimentació) i, de l'altre, obres de millora dels habitatges, que han de passar per un procés de rehabilitació. Aquest segon aspecte, s'iniciaria amb una intervenció a càrrec de l'Administració, consistent a arreglar i pintar les façanes. Aquesta primera empenta permetrà que les obres de millora continuïn després a l'interior, però a càrrec dels ocupants. Els préstecs de la Generalitat destinats a aquest fi poden jugar un paper important per aconseguir-ho.

La recuperació de dues de les torres de la muralla posaria punt final a la intervenció al carrer. Els murs de pedra que formen les torres són ben sencers, però les parets postisses d'obra, que han permès aprofitar-les com a habitatge, són totes deteriora-

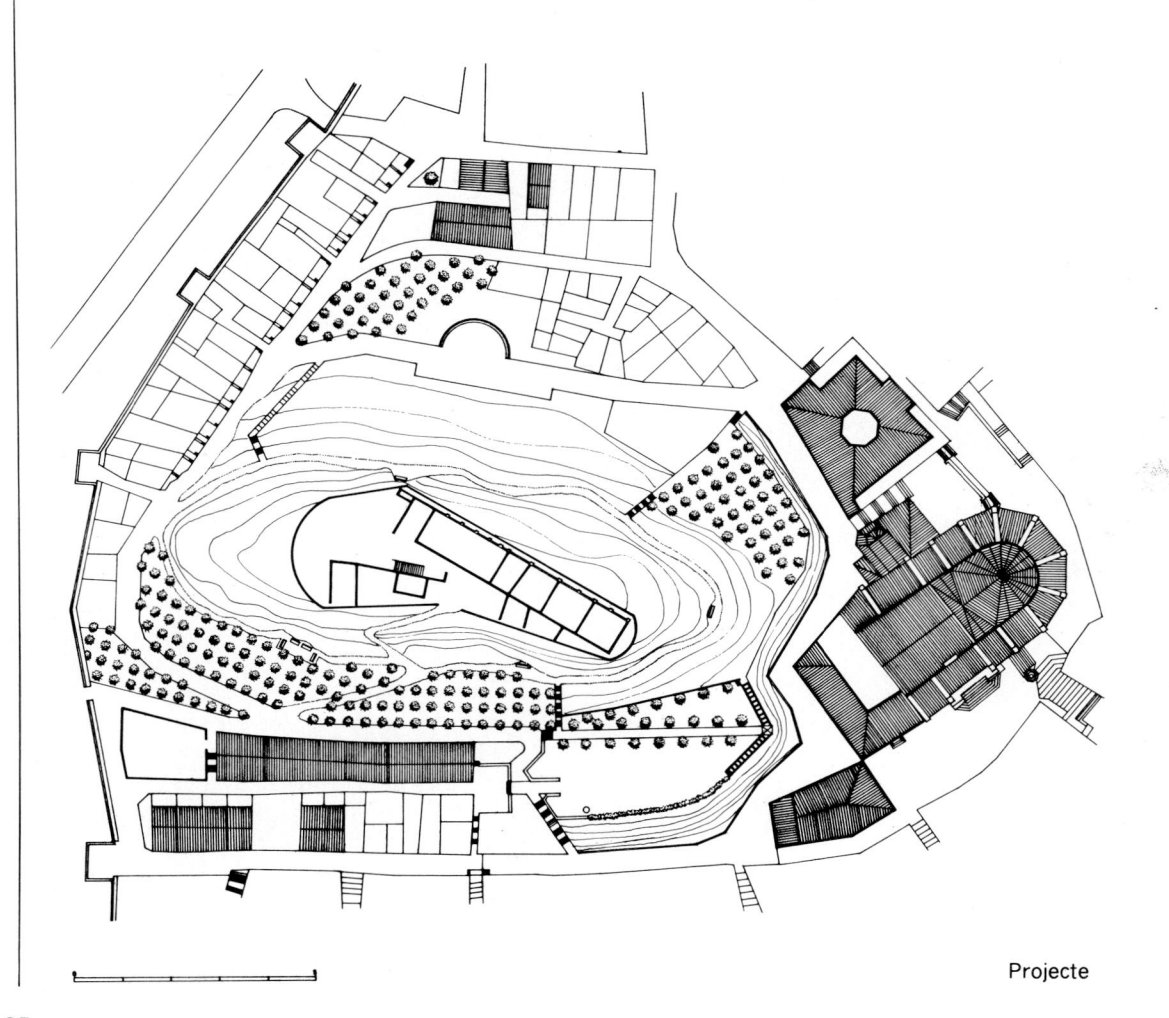

Projecte

La presó

des i amenacen ruïna. Tractant-se de les torres més altes de tota la vila, podrien transformar-se en extraordinaris miradors sobre la Conca.

La resta de construccions que envolten el tossal no tenen aquest marcat caràcter de conjunt que caracteritza al carrer Mur. En la majoria dels casos es tracta d'una barreja de corrals, cases en ruïna o habitatges d'autoconstrucció que no es poden aprofitar i on l'única solució es eliminar-los i construir-ne de nous. Les gestions fetes per l'Ajuntament han posat de manifest la bona disposició d'alguns propietaris de vendre els terrenys per tal que s'hi edifiqui.

Les noves construccions seguirien la tipologia pròpia de Montblanc, és a dir, amb planta baixa destinada a garatge magatzem i dues plantes destinades a habitatge. Les façanes es caracteritzen principalment per l'absència de volades, el predomini del ple sobre el buit i els arrebossats de colors clars. En algun cas concret, es podria conservar com a façana la paret de pedra que hi ha actualment. Perquè tot el conjunt quedi ben integrat dins dels carrers que l'envolten, s'hauria d'evitar fer una sèrie de cases iguals. Els models existents són molt variats, tant per les alçàries com per l'amplada o el color.

Pel que fa als habitatges susceptibles de millora i que no cal enderrocar, es seguiria el mateix criteri que amb les cases del carrer Mur, és a dir, arreglar les façanes.

La tasca de rehabilitació de les construccions continua amb la presó nova, edifici inaugurat a finals del s. XIX, que s'ha anat malmetent des que va deixar d'utilitzar-se per a la funció que li era pròpia. Actualment presenta un estat de gran abandó.

La distribució interna de l'edifici permet una adaptació sense modificacions estructurals als nous usos als quals el destina l'Ajuntament. La planta baixa es destinaria a Museu de Ciències Naturals i la primera planta a Escola Municipal d'Art. No es tracta d'equipaments de nova creació, sinó d'uns serveis de llarga tradició que tenen un pes important a tota la comarca. Actualment no compten amb l'espai físic necessari per desenvolupar-se. A petició de l'Ajuntament s'ha inclòs en l'edifici un habitatge per al vigilant, de moment; més endavant es buscaria una solució més clara separant conceptes, de manera que el vigilant anés a viure en un dels habitatges de nova construcció previstos a la zona del Pla, i l'edifici estés solament per a equipaments de caràcter comarcal.

Finalment, s'ha de parlar de la solució prevista per al tossal, que es conserva totalment com a zona verda. El fet que durant anys l'Ajuntament hagi denegat qualsevol permís per a construir-hi implica pràcticament aquesta decisió. Dins d'aquest criteri hi ha hagut la voluntat de conservar la imatge del tossal, que serveix de teló de fons a les muralles i que, amb la seva forma arrodonida i la vegetació de poca alçària, ens reprodueix una figura repetida diverses vegades a la Conca. Per donar uniformitat a aquesta massa verda, s'haurien de cobrir amb terra nova les parts més pelades perquè s'hi estengui la vegetació autòctona.

La falda del tossal, la constitueixen unes zones planes, on les aigües de pluja s'aturen i hi fan possible una vegetació de més importància. Aquestes zones es podrien destinar a plantar-hi arbres d'espècies que viuen sense dificultat en aquell clima i que no necessitin atencions especials un cop arrelats.

S'imposa una solució definitiva per a les excavacions del cim del turó, aturades i represes diverses vegades i que han permès descobrir una part dels fonaments del castell construït a finals del S. XII. El fet que el cim del tossal, on s'han trobat les restes del castell, té una vista excel·lent sobre la Conca ofereix la possibilitat de cobrir-lo amb un paviment que reprodueixi el perímetre de les excavacions i que serveixi alhora de mirador."

LA CERDANYA

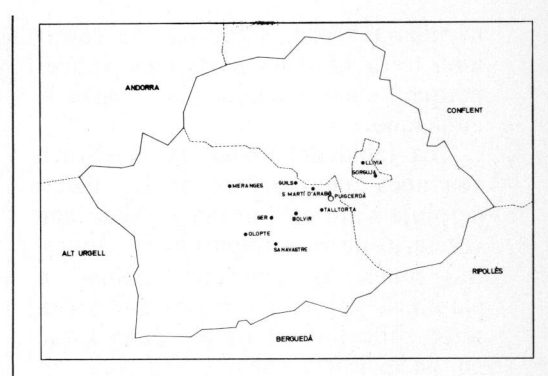

dibuixar la història

Arquitecte: **Lluís Mª Vidal i Arderiu**
Realització: **1983-1984**

Es tracta fonamentalment d'aconseguir, per part de la Direcció General d'Arquitectura i Habitatge, una exhaustiva informació de l'estat actual de les arquitectures dels nuclis antics d'aquesta comarca.

Atès que aquests pobles presenten unes carcterístiques ambientals i formals molt subjectives i particulars, es fa difícil creure que una normativa molt generalista i abstracta sigui suficient per controlar els valors ambientals i arquitectònics que aquestes petites poblacions sempre han exhibt, fruit de la seva agregació natural.

L'objectiu pragmàtic seria fonamentalment incloure aquests aixecaments en el procés de planificació que incideix sobre aquesta comarca.

De fet, la inauguració del túnel del Cadí obre una sèrie d'espectatives a la Cerdanya amb un resultat imprevisible, acostumats com estem a veure la total degradació dels nostres nuclis urbans que han experimentat determinats processos de transformació per causes alienes al seu desenvolupament natural (turisme, industrialització, comerç, etc.). La present aportació que, si bé no es cap opció concreta de projecte, conté valors inqüestionables, és l'origen d'una intenció: donar comptes d'un espai que es genera per uns raonaments molt allunyats de qualsevol pràctica especulativa actual d'allò més excessiu.

Explicar que aquesta arquitectura popular conté implícita una racionalitat original imprescindible de mantenir i d'exhibir pot ser una de les aportacions més útils dels aixecaments que reprodueix aquesta publicació.

De fet, i per limitacions òbvies d'espai, s'han triat tan sols nous aixecaments d'entre els més de trenta efectuats. Tres en nuclis petits, tres en poblacions mitjanes i tres més en pobles de major envergadura. La publicació recull una mostra del treball dut a terme en cada cas i no de tots els aixecaments fets. Entre tots els dibuixos reproduïts, el lector es podrà fer una idea d'aquesta tasca imprescindible per conèixer una arquitectura que malgrat no tenir cap autor, no ha d'ésser malversada per qualsevol planificació sense sentit.

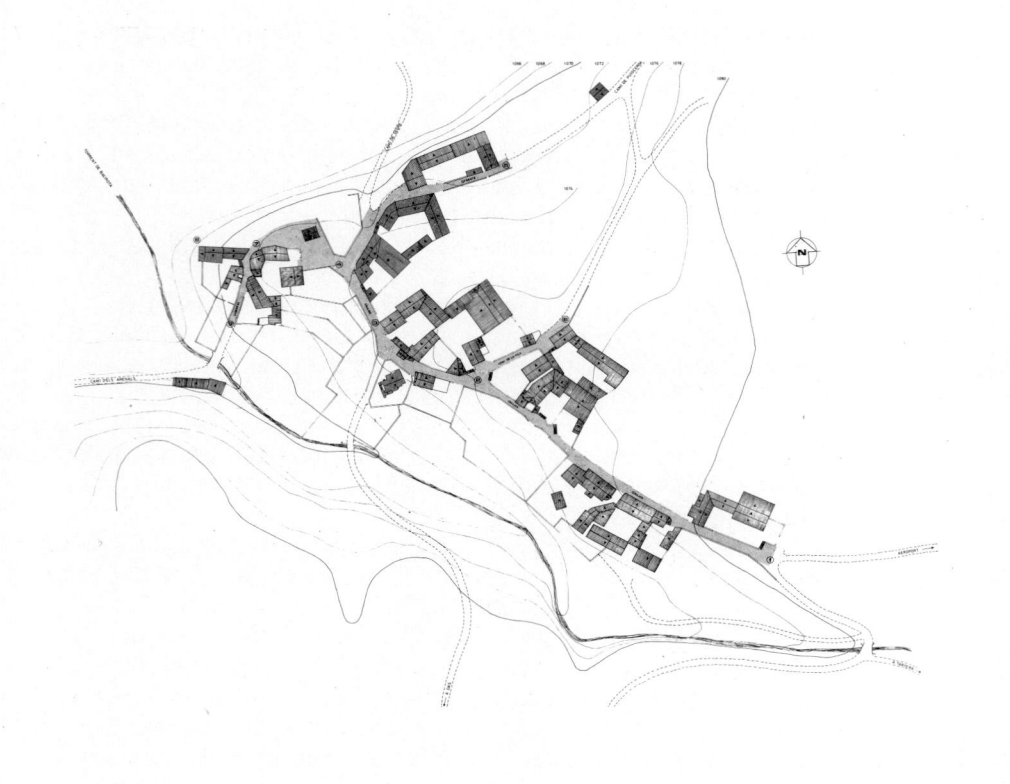

SANABASTRE

GORGUJA

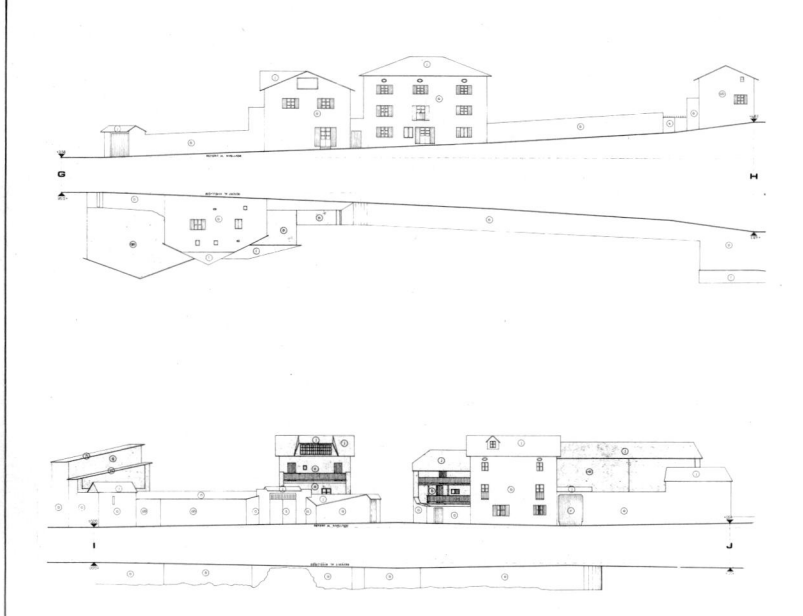

LLÍVIA

GUILS

BOLVIR

TALLTORTA

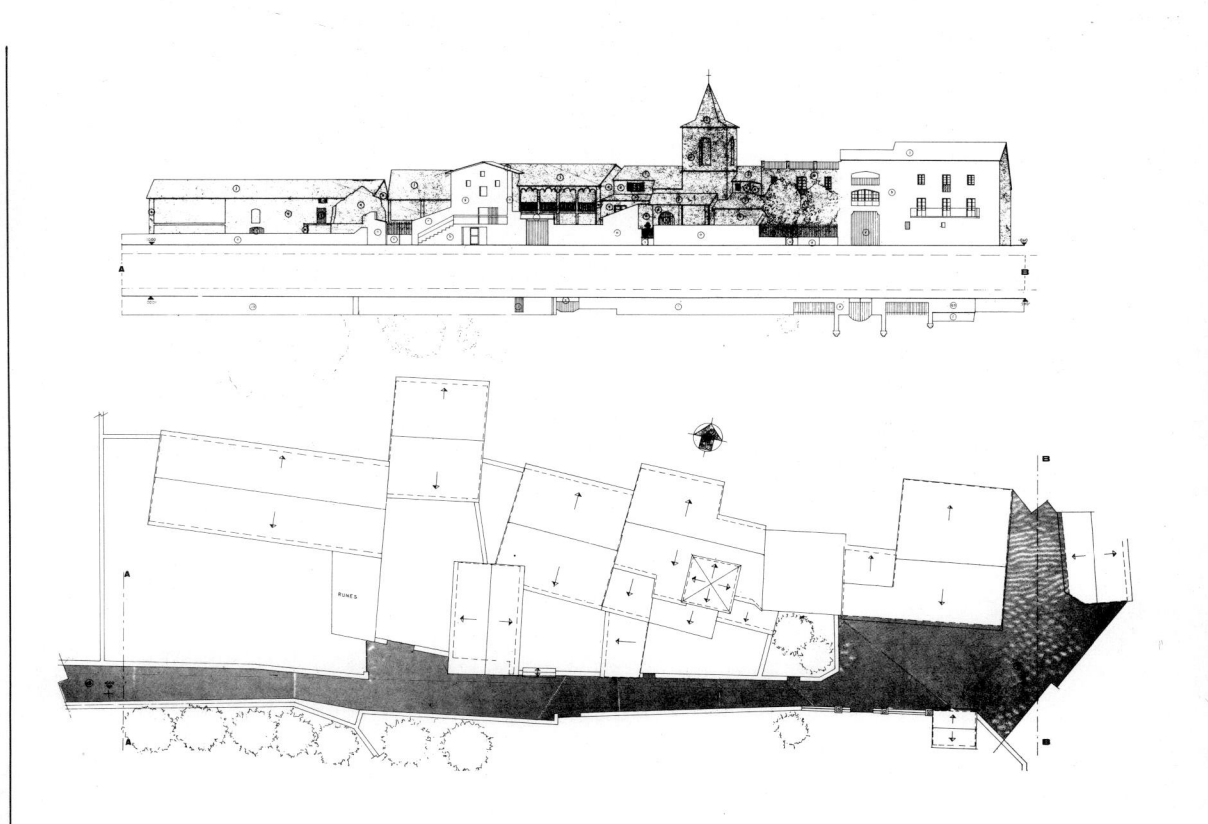

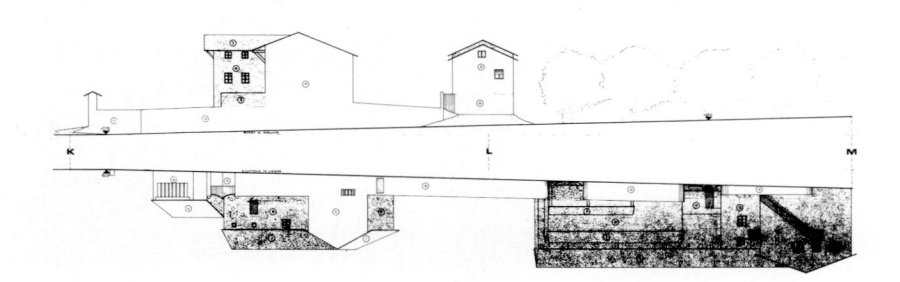

MERANGES

GER

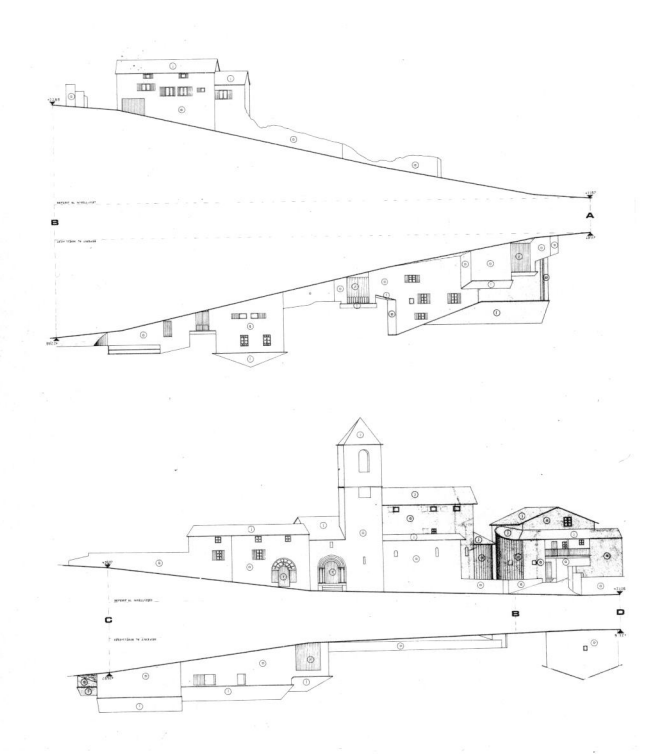

OLOPTE

S. MARTÍ D'ARABÓ

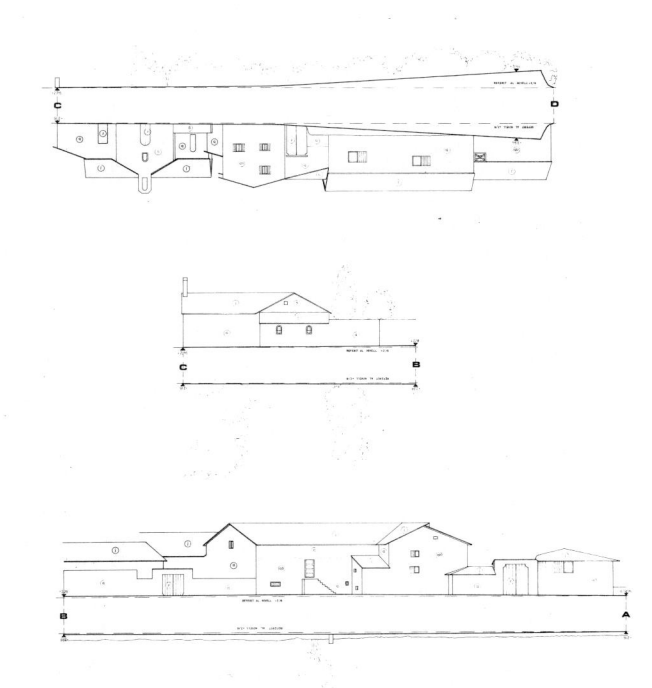

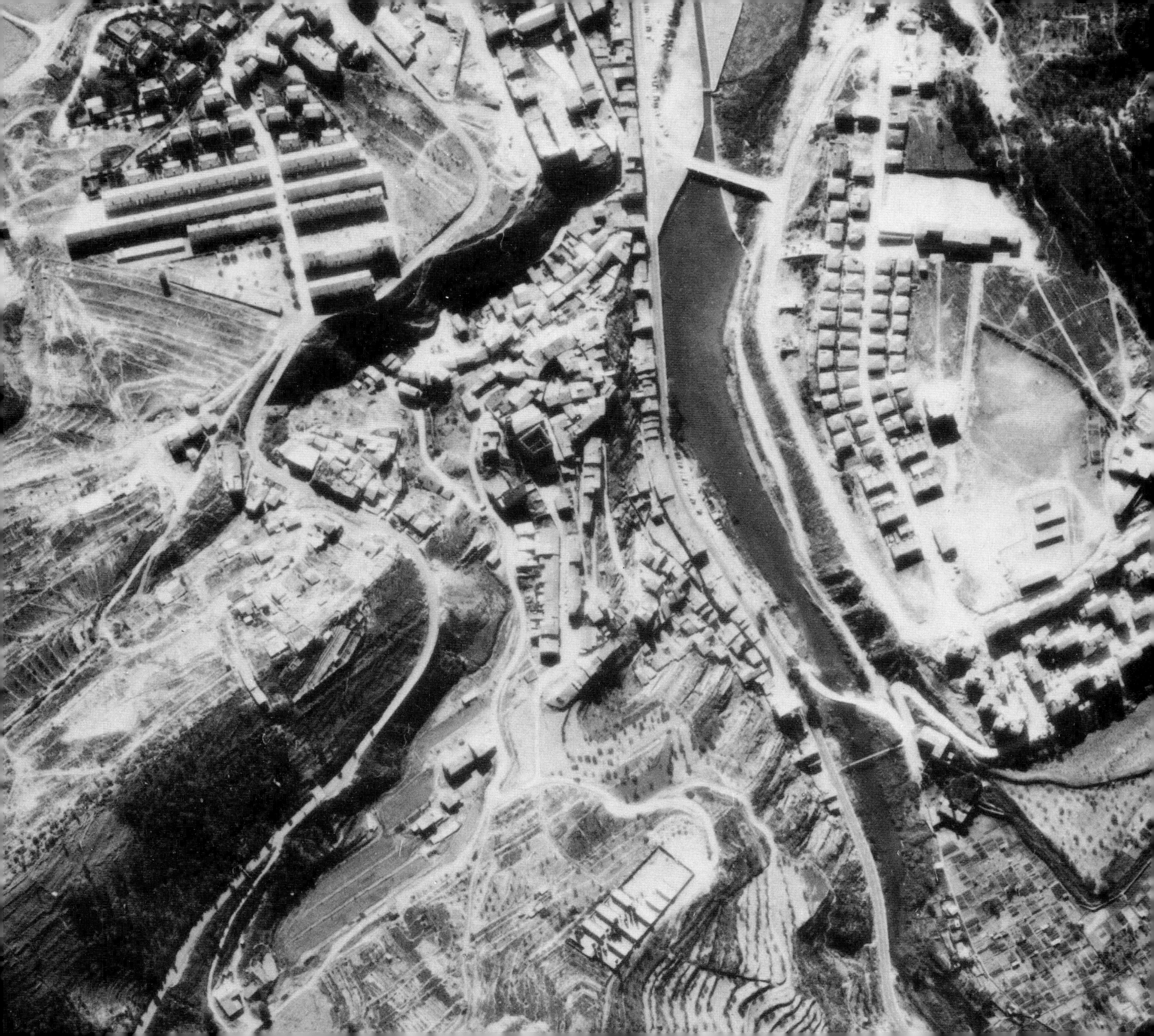

SÚRIA

la història com a continuïtat

Arquitectes: **Josep M. Esquius i Prat i Josep Puig i Torner**
Aparellador: **Alexandre Mazcuñan i Boix**
Constructor: **Construccions Jané, S.A.**
Projecte: **1981**
Realització: **1983-1984**
Pressupost
d'adjudicació: **59.517.928,—**

La idea d'arquitectura que s'observa en aquesta intervenció és bàsicament dual. D'una banda ens trobem davant d'un nucli vell abandonat per la història. De l'altra amb un castell amb prou entitat històrica i formal com per ésser considerat més objectivament.

El tractament, doncs, havia d'ésser forçosament diferent. Pel que fa al poble, es tractava d'intentar retrobar el seu ambient. Respecte al castell, la idea bàsica era poder-lo tornar a utilitzar de nou. Canviar el seu destí, encara que la intervenció hagués d'exhibir una tecnologia nova.

Per dir-ho d'una altra manera: en la mateixa anàlisi ja existeix el projecte. L'anàlisi dóna, doncs, la mesura i la qualitat de la intervenció. L'anàlisi sectorialitza els problemes, i per tant en perfila les solucions. L'anàlisi, en suma, esdevé una eina bàsica del que després serà fonamentalment el treball manual i tècnic.

Això és el que es desprèn fins i tot de l'exposició del seu encàrrec que els responsables del projecte descriuen en dues parts.

1. ANTECEDENTS HISTÒRICS

"La vila de Súria, riberenca del Cardener, avui població industrial i minera, conserva com una relíquia del seu passat històric l'anomenat "poble vell" o barri antic de la població.

Tres agrupaments urbans de característiques molt ben definides mostren tres moments singulars o capítols de la seva història plurisecular: els segles feudals (del S. X al XIX), la industrialització (S. XIX i XX) i l'explotació minera (a partir de 1925). És evident que el primer capítol és representat pel nucli del "poble vell" acimat al tossal-acròpolis de la vila. El primer document que hi fa referència és de l'any 993: el comte de Barcelona, Ramon Borrell, venia al prevere Miró Marcús un alou situat al terme del castell de Sorisa dintre del comtat de Manresa. Aquest castell es troba documentat, més endavant, amb el nom de Sória i, finalment, amb l'actual Súria.

La guàrdia o castell de Súria és terme de referència freqüent durant l'Edat Mitjana, dels segles XI al XV. El rei Pere el Cerimoniós, mitjançant una venda formalitzada el 1360, atorgà els drets jurisdiccionals del terme i castell de Súria al vescomte de Cardona. Però reclamada la jurisdicció pels consellers de Manresa, la venda reial fou anul·lada, encara que al cap de pocs anys, la jurisdicció passà novament a la casa de Cardona. Fins a l'extinció de les jurisdiccions feudals i la creació dels moderns municipis, Súria formà part de la batllia de Cardona, una de les demarcacions dels dominis extensíssims d'aquella cèlebre casa vescomtal, comtal i ducal.

El conjunt del "poble vell" —cases, carrers, plaça, arcs i muralles— conserva l'aspecte de petita vila medieval, amb tots els components que hom troba en un complex urbà d'aquesta mena. Cases i elements de fortificació o protecció a part, els dos monuments més vistosos són el castell i l'antiga església parroquial.

La mola arquitectònica del castell

s'eleva al punt més alt del poble al nord, i domina la de l'església. El gran casalici fou utilitzat fins a una època relativament recent com a escola i altres serveis municipals. Els seus valors artístics no són gaire aparents, a causa de les modificacions modernes de la seva estructura que esborraren pràcticament qualsevol rastre d'obra artística medieval; el mateix succeí en moltes d'aquelles fortaleses la utilitat militar de les quals durà fins a les guerres civils del segle passat.

L'església, primitiva parròquia de Sant Cristòfol, reconvertida en santuari de la Mare de Déu del Roser, conserva l'absis i el campanar romànics. Aquest és el millor d'aquest estil a la comarca del Bages. A les darreries del segle XIX, quan el castell ja havia perdut el primitiu valor estratègic, el campanar fou prolongat cap amunt, amb un complement que li dóna més esveltesa i que, suficientment diferenciat de l'obra romànica, cal mantenir com a símbol típic de la població. La resta del temple demostra les successives ampliacions i alteracions del conjunt arquitectònic experimentades en el curs dels segles.

Diverses façanes, uns arcs de l'antic recinte fortificat i restes de muralles de fàcil restauració que encara subsisteixen completen aquest monument històrico-urbanístic."

2. PREPARACIÓ DEL TREBALL: INFORMACIÓ

"Per poder portar a terme el tre-

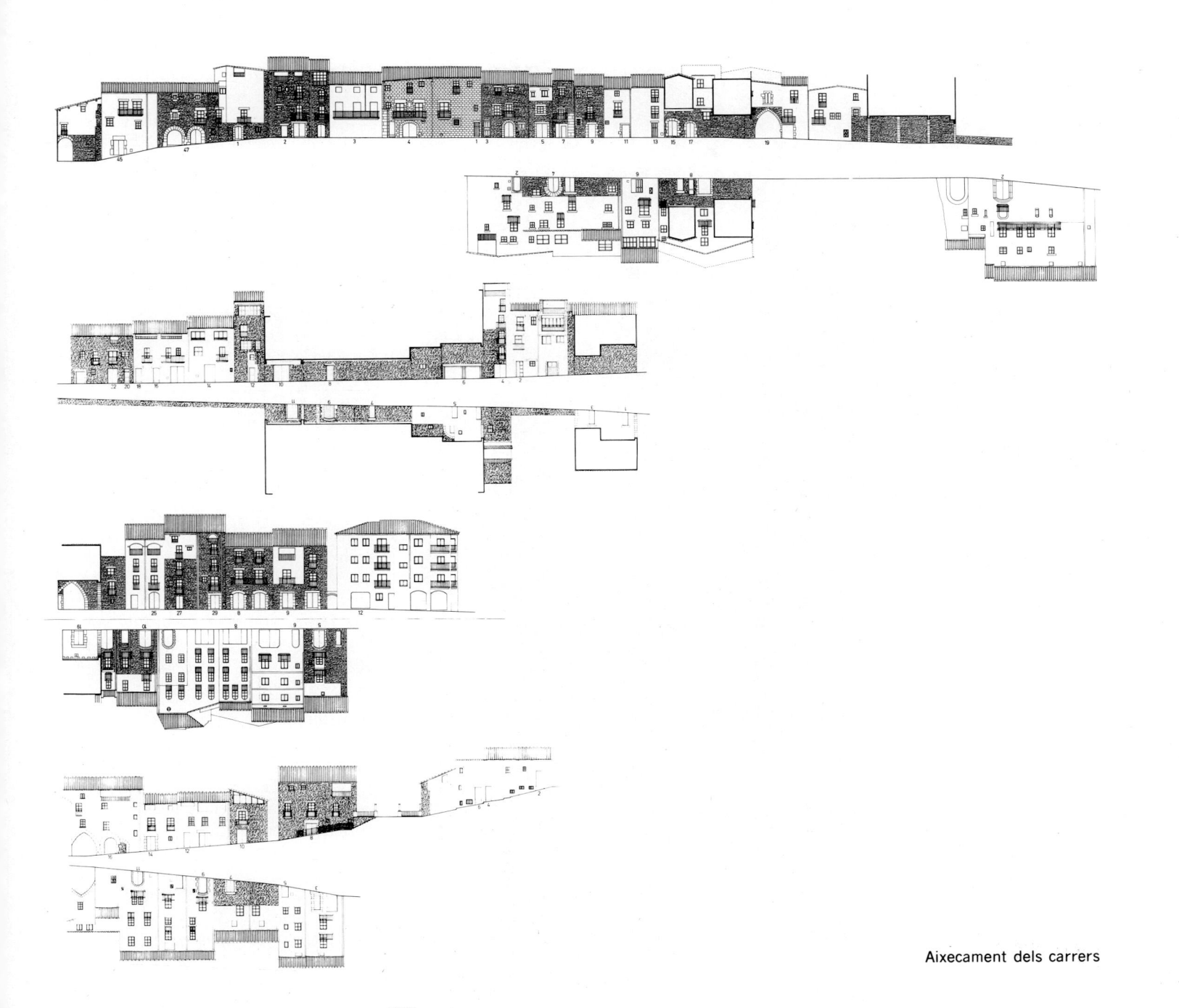

Aixecament dels carrers

ball encarregat, s'ha començat a fer el treball d'informació següent:

1. Aixecament planimètric del sector partint de la documentació cartogràfica existent, plànol topogràfic del Servei d'Arquitectura i Planejament Urbà de la Diputació de Barcelona i de treball de camp.

2. Confegir una fitxa de cada casa amb les característiques més interessants per al treball.

3. Aixecament de totes les façanes de les cases situades en els carrers que cal estudiar.

Dels carrers, s'ha pres nota dels actuals acabats i d'alguns elements de mobiliari urbà per preveure'n l'adequació.

De totes les cases que abans hem esmentat, s'han pres dades principalment dels elements de la façana i dels acabats, deixant per a una propera fase o per a un nou treball l'estudi de les condicions interiors que puguin portar a una restauració dels habitatges. D'aquesta informació i de manera resumida, se'n deriven diverses conseqüències.

Les façanes de les cases, que daten de primers del segle XVIII, es troben en quatre nivells principals de conservació.

a) Algunes façanes amb l'aspecte exterior pràcticament original i en estat de conservació correcte.

b) Altres amb l'aspecte general original però amb petites intervencions (obrir una porta, ampliar una finestra, canvi d'alguns baixants, etc.).

c) Un tercer tipus en el qual els afegits són importants com: afegir-hi una planta o tribunes.

d) Façanes totalment modernes, algunes d'elles amb falses imitacions d'antic.

Per altra banda, cal fer esment que, tret d'alguna casa de la plaça i d'alguns sectors de la muralla, la qualitat arquitectònica de les edificacions no és considerable.

En canvi si que és molt interessant l'aspecte de conjunt, els espais vora muralla, o sota les arcades, i, en tot cas, "l'aire" de poble medieval perfectament conservat.

Aquesta és la raó fonamental que creiem que justifica la intervenció que ens proposa la Direcció General d'Arquitectura i Habitatge de la Generalitat."

3. OBRES QUE ES PROJECTEN

El projecte que es proposa comprèn:

A) **Ordenació i pavimentació de carrers.**

"Això queda explicat en els plànols corresponents i comprèn:

a) Manteniment del caràcter general del conjunt en materials, qualitats de paviments, enllosats, marxapeus i graons de pedra col·locats sobre soleres de formigó.

b) Adaptació i si s'escau creació d'una xarxa de desguassos amb els corresponents registres i embornals.

c) Modificació de rasants, per donar un millor accés a algunes cases."

B) **Conservació i restauració de les façanes antigues.**

El castell, plantes i secció

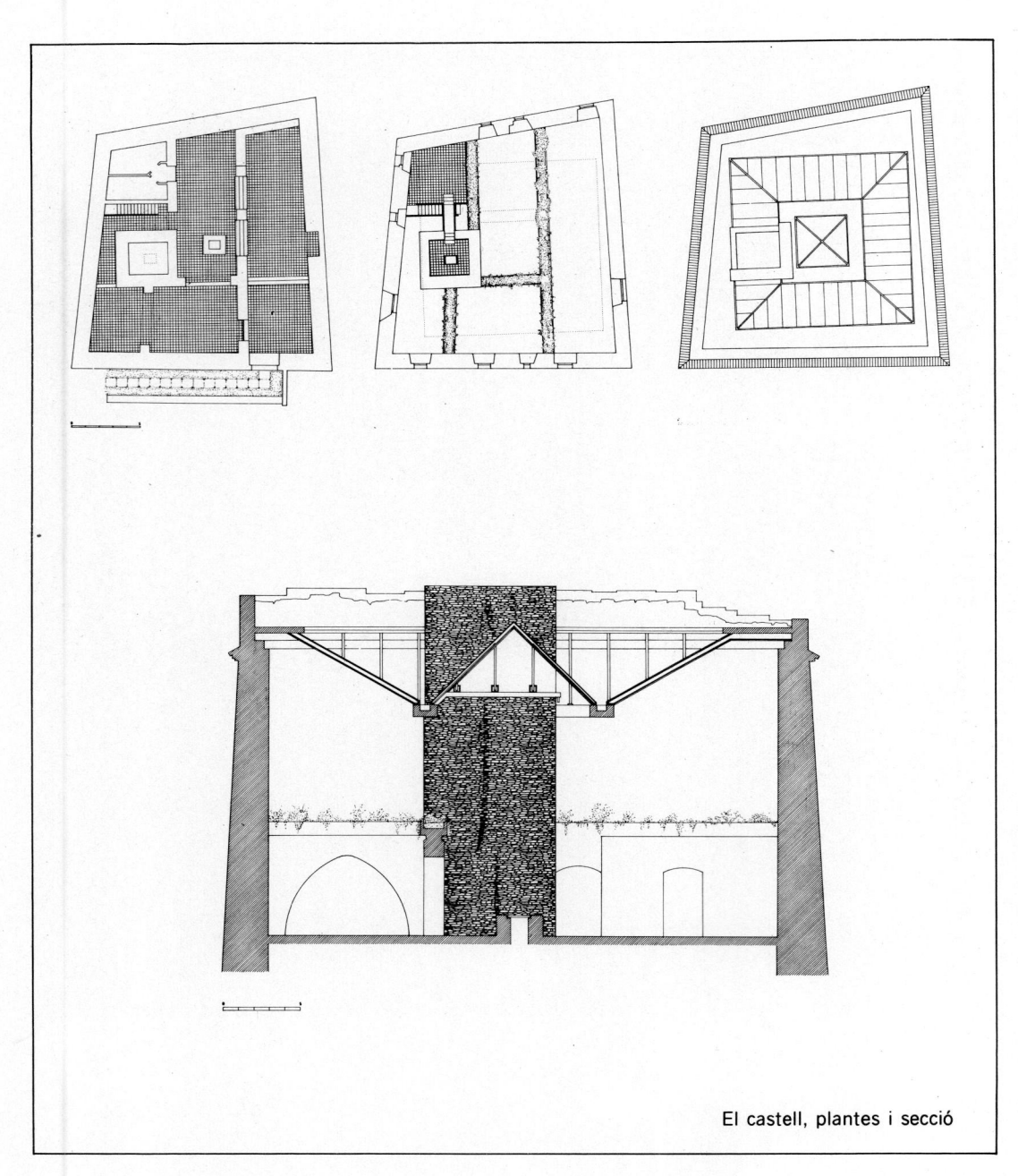

"Aquí es proposa una difícil tasca de restauració-conservació amb els problemes que comporta actuar sobre edificis habitats.

Cal remarcar la impossibilitat de fer prospeccions més detallades de totes les cases, ja que els criteris d'intervenció poden veure's modificats en descobrir, en plena restauració, elements arquitectònics que ara resten amagats.

En els plànols que es produeixen s'han senyalat amb un número els tipus de treball a fer en cada casa, ja que solen ésser bastant repetitius. També hi indiquem intervencions particulars en algunes cases."

C) Condicionament del castell per usar-lo com a espai polifuncional.
a) IDEA BÀSICA

"El Projecte es decanta clarament cap a una solució de restauració i habilitació "viva" i "positiva", en total contraposició a la reconstrucció pura, i les raons d'aquest camí, hem de trobar-les primer en el mateix element sobre el qual treballem, que, si bé dintre del conjunt del poble, com a element compositiu bàsic d'una unitat paisatgística i com a punt culminant d'un recorregut del "poble vell", té un valor indubtable, no així com a element aïllant si fem abstracció del seu entorn, donat que no presenta ni una arquitectura de gran vàlua, ni el seu interior cap element de detall arquitectònic digne d'ésser reconstruït. Possiblement aquest podia ser el cas del veí absis romànic, englobat dintre de l'església.

Pati del castell

La segona raó per justificar la solució adoptada, podem trobar-la en el respecte que els arquitectes, tant el director com els autors, tenim per tot el que representa història, tradició i d'aquesta manera la nostra voluntat és la de no destruir la realitat existent amb la reconstrucció "copiadora" d'elements inventats o no, però sempre falsos, que enganyen els ulls i el cor dels visitants amb la creació d'uns ambients ficticis de decorat d'època.

I actuant d'aquesta manera, el nostre màxim respecte a la migrada vàlua dels elements que queden com a representants d'una història fa que la restauració i habilitació es plantegi amb un respecte total a les restes, consolidació, neteja i revalorització dels esmentats elements, no emmarcant-los en un decorat d'època, sinó al contrari, presentant-los en ells mateixos com a contrast a una solució actual per a la cobertura i creació d'un espai col·lectiu. Així mateix, no intentarem la reconstrucció d'elements nous, ni la nostra intenció serà fer desaparèixer molts elements posteriors a la primera i teòrica imatge del castell, ja que la història també es troba en aquella petita finestreta que varen obrir dintre el mur fa dos-cents anys i també en la capelleta incorporada dintre el castell no fa encara cent anys.

Tots aquests elements són els que configuren el castell ara, i per tant no tenim dret a falsificar-los. El nostre projecte procura enaltir-los, donant als senyals que el decurs del temps ha deixat dintre el castell el valor de restes fòssils, als quals cada visitant, dei-

Entrada al castell

xant volar la seva imaginació, donarà el seu valor.

Fins i tot creiem de valor, les herbes que creixen dintre el castell enrunat, i per tant en el projecte es preveuen llocs on es podran plantar.

La intenció no és de fer un castell nou, amb criteris vells, sinó aprofitar el castell actual amb la seva càrrega d'història i complementar-lo amb criteris i elements actuals."

4. DESCRIPCIÓ DEL PROJECTE

"L'objectiu del projecte es troba en l'aprofitament de l'espai interior del castell per a usos diversos de caràcter comunitari: conferències, projeccions, reunions de grups de treball, etc., i com a lloc de reunió —exposició d'un petit museu local dels estris de camp i de les mines, etc.

Per tant, s'hi aprofita l'estructura ja existent i els desnivells actuals, dividint l'espai en sis nivells, tots ells comunicats de manera que constitueixen un conjunt total d'uns 375 m^2 amb un punt central pràcticament a l'abast de qualsevol lloc i que precisament és la cisterna de l'antic pati del castell.

Es destrueixen les restes de murs d'estabilitat precària que emmascaren la torre, deixant-ne el primer nivell a fi que continuïn lligant els murs exteriors i permetin configurar els sis nivells esmentats anteriorment, a part de l'espai dedicat als sanitaris.

A fi de lligar amb una corretja el coronament dels quatre murs de tancament es crea un ampli acabament de de formigó armat que descansa una part sobre els murs i l'altra sobre l'estructura de ferro de la coberta vitrada.

La coberta en la seva major part, serà una gran lluerna constituïda per l'estructura de ferro portant, que col·labora amb el suport de la corretja de coronament i el plàstic de coberta amb càmara d'aire, incorporada a fi de reduir les possibles humitats de condensació.

El coronament actual del castell es respectarà, consolidant-lo adequadament. La cornisa de rajola i teula es reconstruirà a fi de cobrir i protegir de la pluja els murs exteriors.

Exteriorment, els tractaments seran de consolidació i de millorament d'acabats de murs, forats, portes, etc.

L'estructura de la coberta serà de ferro, pintat de color, recolzada damunt el coronament de formigó vist. Hi haurà també una àmplia canal que recollirà l'aigua de la pluja que de nou omplirà la cisterna, aprofitant fins i tot el mateix sistema de recollida i conducció de l'antic castell encara en bon ús. L'acabat de forats de finestres existents, es mantindrà amb les qualitats actuals, millorant-les; si són de pedra picada es repararan amb pedra i si són de guix es repasaran amb amb guix i es pintaran amb colors adequats a la seva antiga funció.

La torre haurà d'ésser remuntada en la part del costat del nivell 5, ja que es troba enrunada; no es construirà totalment, sinó que la quarta paret es remuntarà per tal d'aconseguir un resultat unitari amb un acabament de formigó vist.

Pati del castell

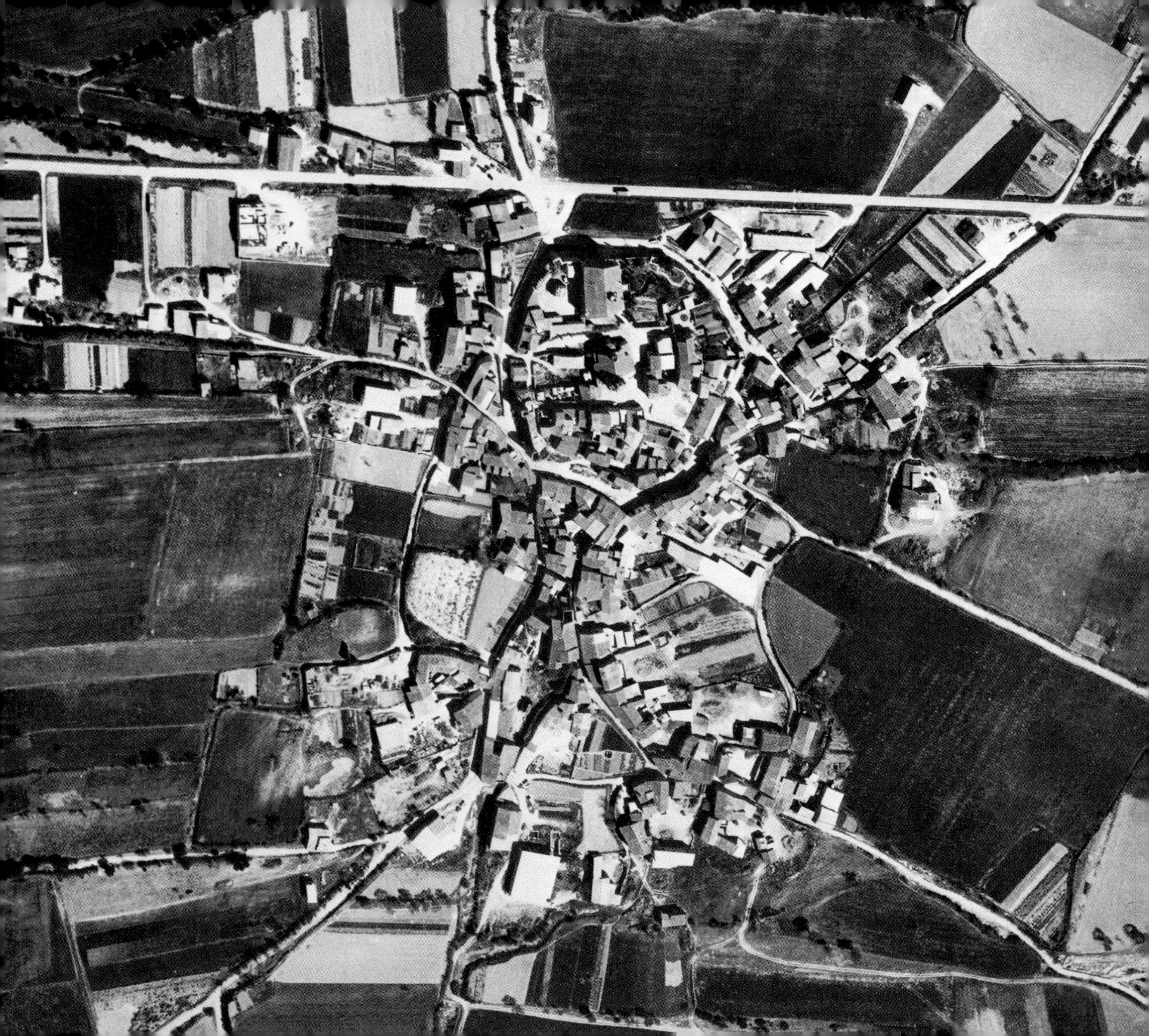

ULLASTRET

la qualificació de la història

Arquitecte: **Josep Lluís Mateo i Martínez**
Col·laborador: **Carlos Fuentes, enginyer de camins**
Aparellador: **Màrius Lavall**
Constructor: **Joaquim Collet**
Projecte: **1982**
Realització: **1983-1984**
Pressupost
d'adjudicació: **40.900.477,—**

Segurament, el problema a resoldre en el nucli d'Ullastret és un dels més atípics quant a l'encàrrec de projecte que recull aquesta publicació. En lloc de confiar en l'aspecte dels plans verticals, proposta que sovint és plena de dificultats (propietaris als qui cal convèncer, criteris diversos sobre quin tipus d'actuació és més convenient, etc...) s'ha preferit treballar sobre el paviment del carrer, element sovint menyspreat com a configurador de ple dret en la forma d'un ambient.

Els criteris generals que presideixen l'actuació són explicats així per l'autor del projecte:

"De tota la informació recollida es desprèn la falta de sistema amb què Ullastret s'ha construït al llarg dels segles. Observant els plànols de claveguerres o d'enllumenat, s'hi pot veure el caràcter casual, juxtaposat i inconnex de tota la infrastructura d'Ullastret, tot indicant una forma d'operar que el nostre projecte, pel seu origen i per la voluntat assumida havia d'evitar. Així, vàrem entendre que el projecte havia de reflectir una voluntat racional que ens allunyés de l'espontaneïtat pintoresca. D'altra banda, l'encant del poble també és fruit d'aquesta fragmentació i casualitat, portant-nos a entendre el projecte també des de cada singularitat i obligant-nos a renunciar a opcions abstractament igualitàries.

Així el projecte s'ha entès com a fruit d'aquesta doble tensió: de l'abstracta voluntat racionalitzadora i dels suggeriments d'allò concret, intentant que els estímuls recollits per la nostra sensibilitat fossin sistematitzats per

Planta general

Plaça de davant de l'església

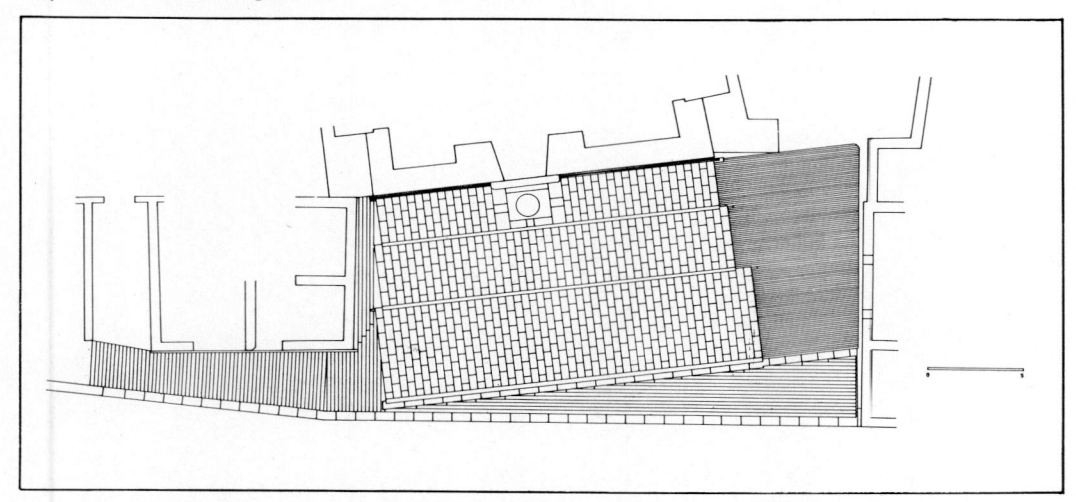

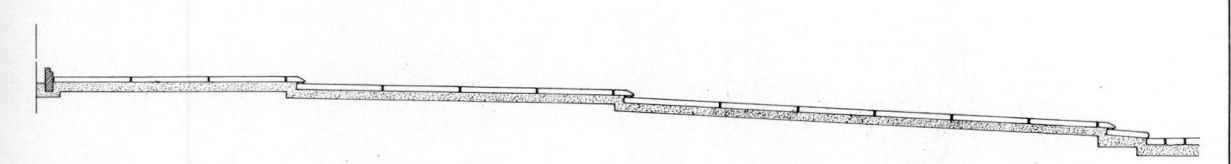

Secció detall del paviment-catifa amb làmines de pedra

Plaça de davant de l'església abans de l'actuació

l'activitat de la raó.

I és així com la presència de la muralla, de l'església, de la llotja, etc. ha estat una i altra vegada punt de partença de suggeriments amb què el projecte s'ha construït, tot intentant també que el seu impacte emocional no ens fes oblidar la necessària sistematització de recorreguts, de recollides d'aigua, de l'enllumenat, etc..., necessaris per a una comprensió il·lustrada del projecte."

Als criteris exposats, els correspon una actuació que s'ocupa de formalitzar i construir correctament aquesta idea.

D'aquesta manera, els paviments es dissenyen segons les condicions del microentorn allà on s'ubiquen.

Els canvis de material i d'especejament no són, doncs, una elecció arbitrària sinó allò que serveix per donar sentit a unes alineacions, a entregues diverses entre edificis, a racons que poden ésser evocadors, etc.

Així, i sols a tall d'exemple (ja que les imatges parlen per si mateixes), es pot mencionar: el paviment en front de l'església és una catifa rampant que dignifica una portada amb molts afegits estilístics; una font d'imatge ruralista soluciona i dóna sentit a un encontre fortuït d'alineacions; un trencaaigües es converteix en un banc; la perforació de la muralla es subratlla amb un fort tractament de material de ceràmica; un canvi de pendent s'explica amb una modificació de l'especejament, etc... El gust per l'explicació de l'accident obliga a un tractament de disseny molt acurat (es pot entendre que a l'artesania intel·lectual que el tractament del problema implica, li correspon una

Plaça de l'església.

El paviment de la plaça de l'església envaeix el carrer. Al fons, la plaça de l'Ajuntament

execució exhaustiva i molt detallada dels documents tècnics) que confia en l'habilitat i el gust per la forma (paral·lelament a l'estudi de pendents i desguassos) com a expressió dels camins per arribar a dominar-la.

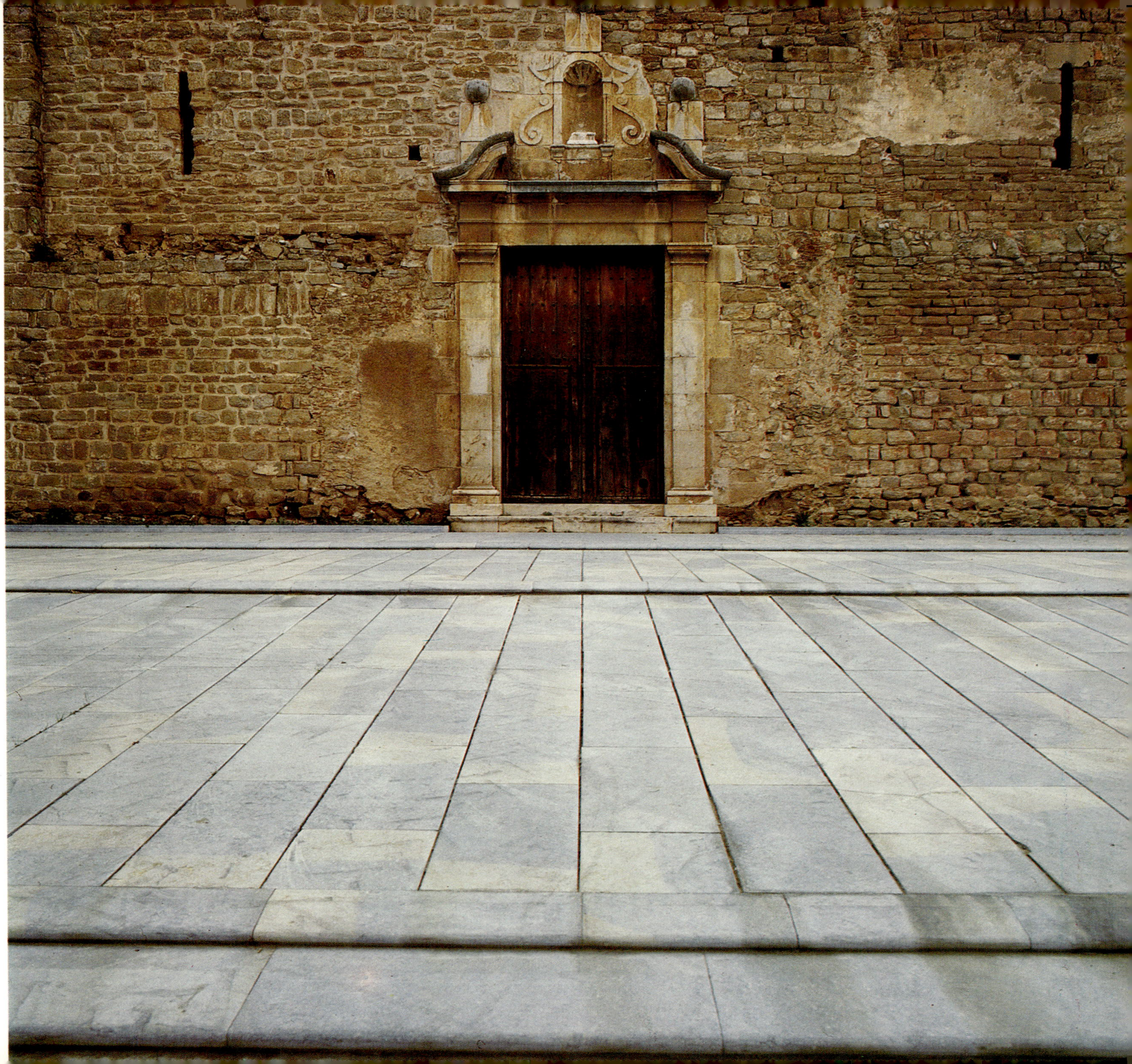

Accés al recinte emmuratllat conservant el primitiu forat excavat a la muralla

Secció escala-rampa de l'accés al recinte emmuratllat

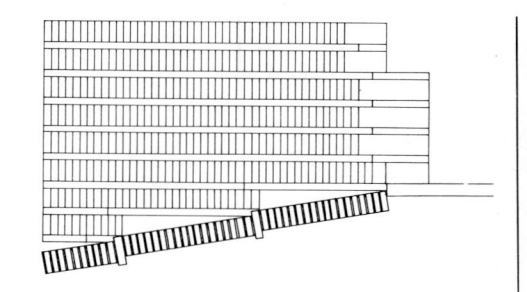

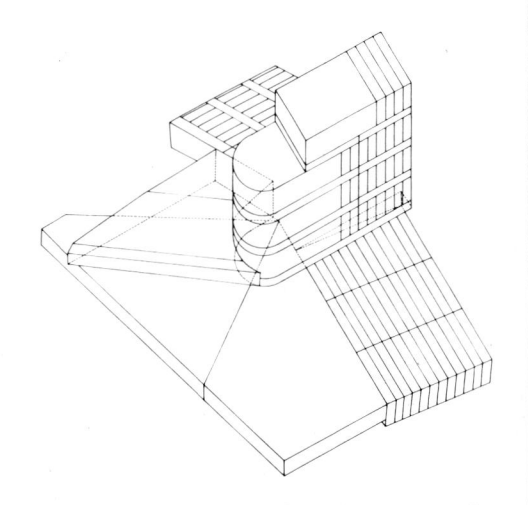

Detalls accés recinte emmurallat

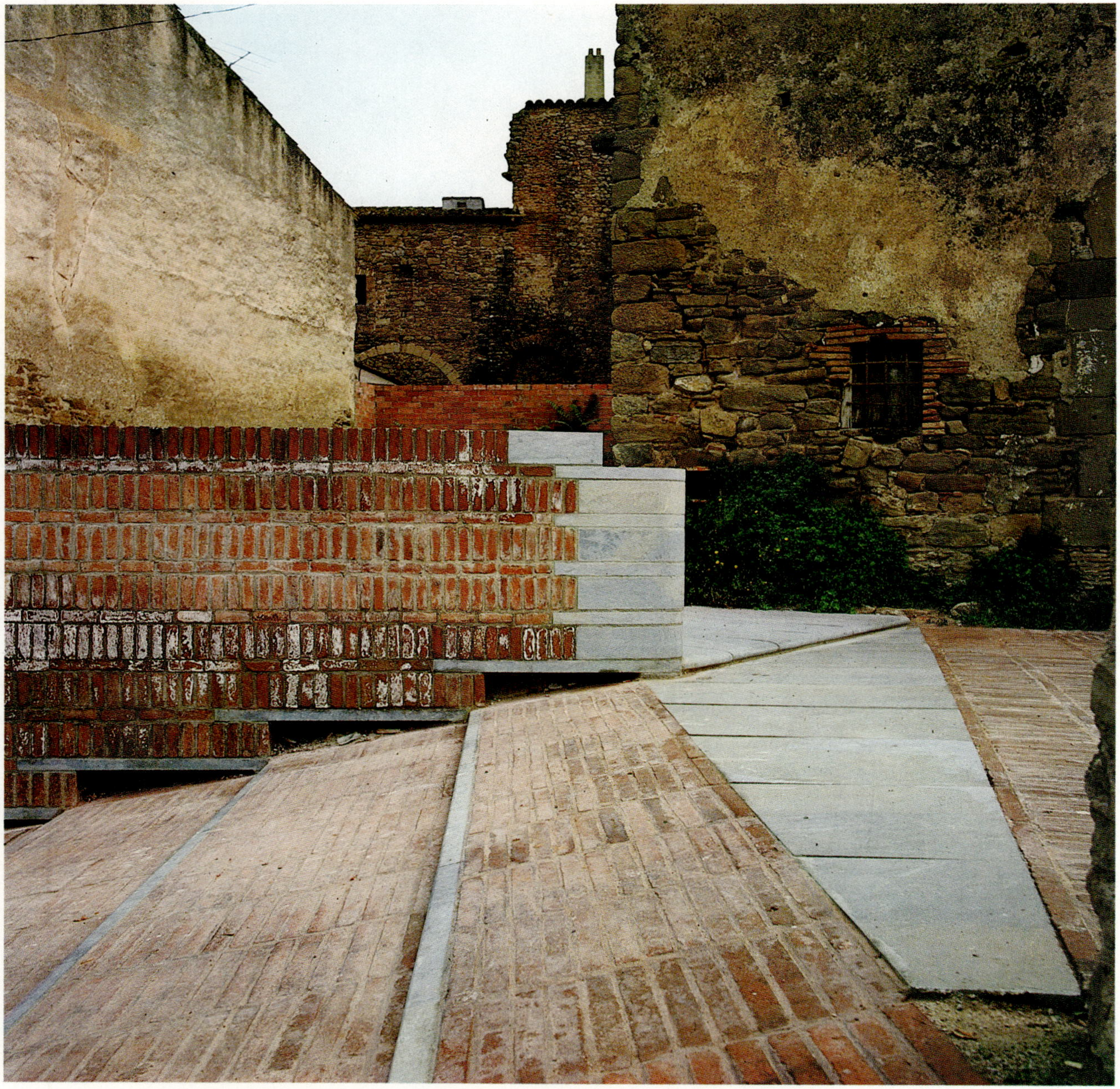

Concurrència de diferents paviments

Font de la plaça de l'Ajuntament

Planta trobada carrers

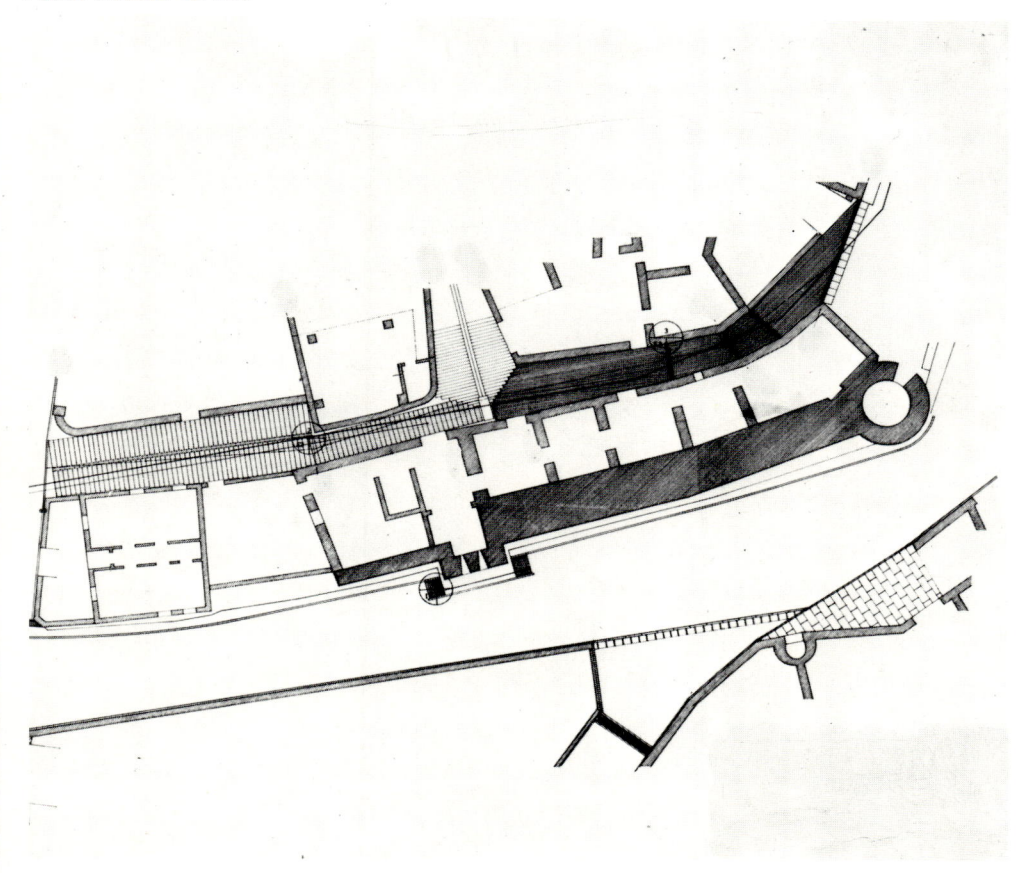

123

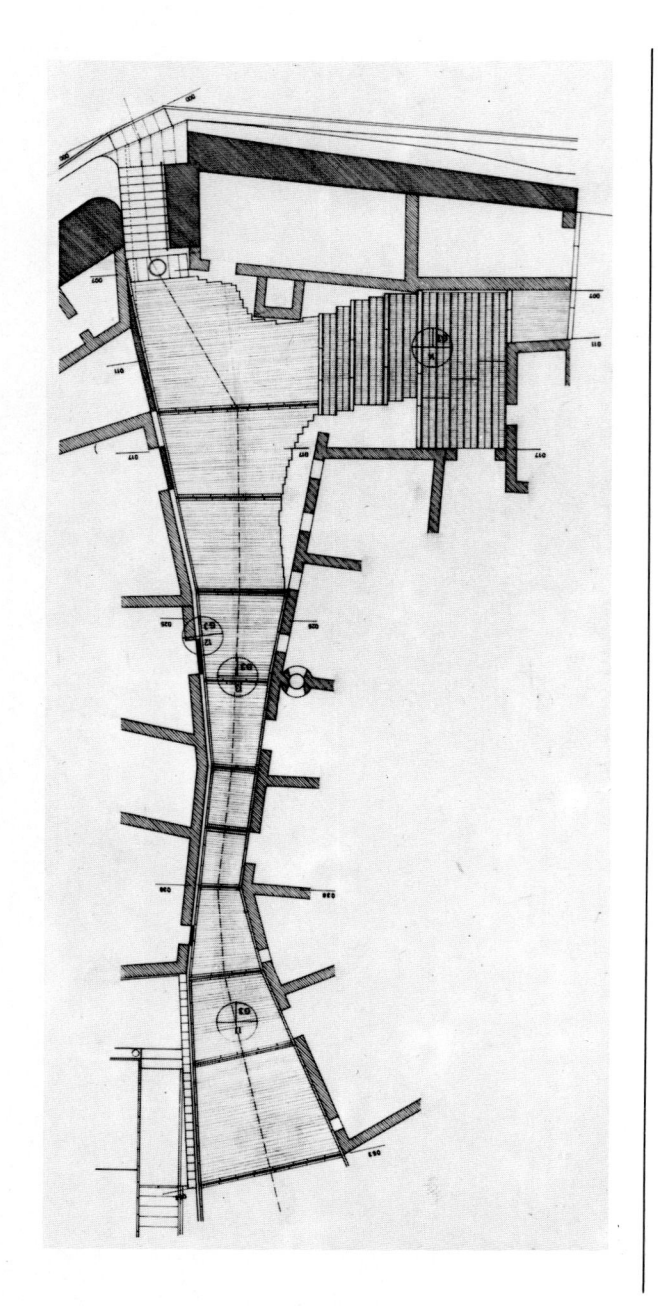

Eix muralla església

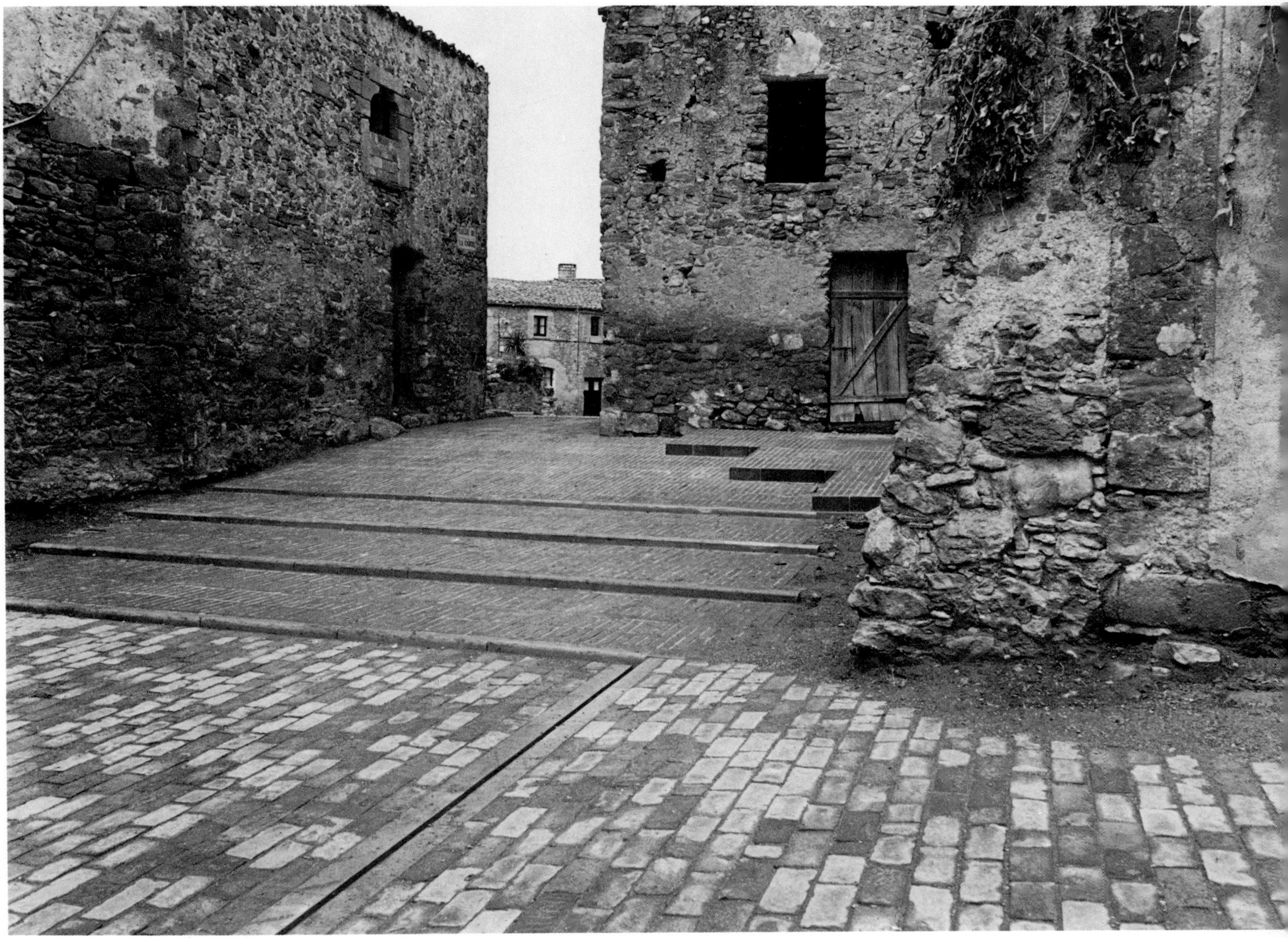

Font de la placeta

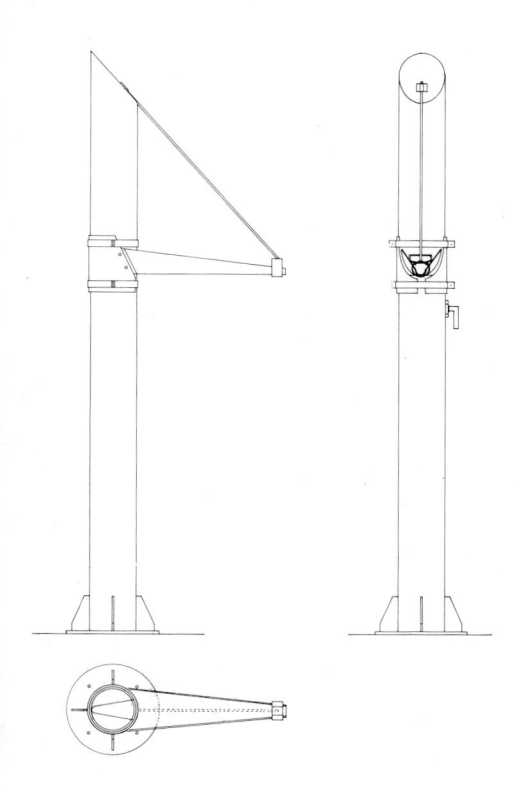

La font: pilastra metàl·lica amb peces de coure i llautó

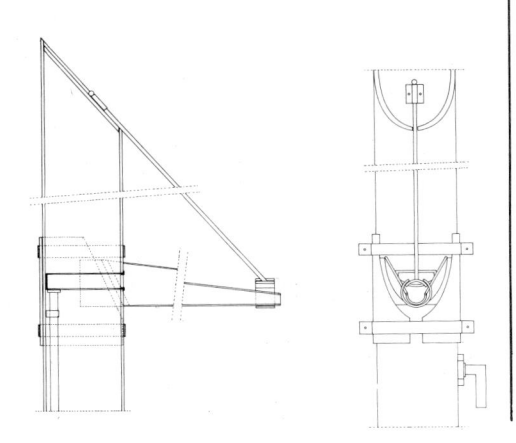

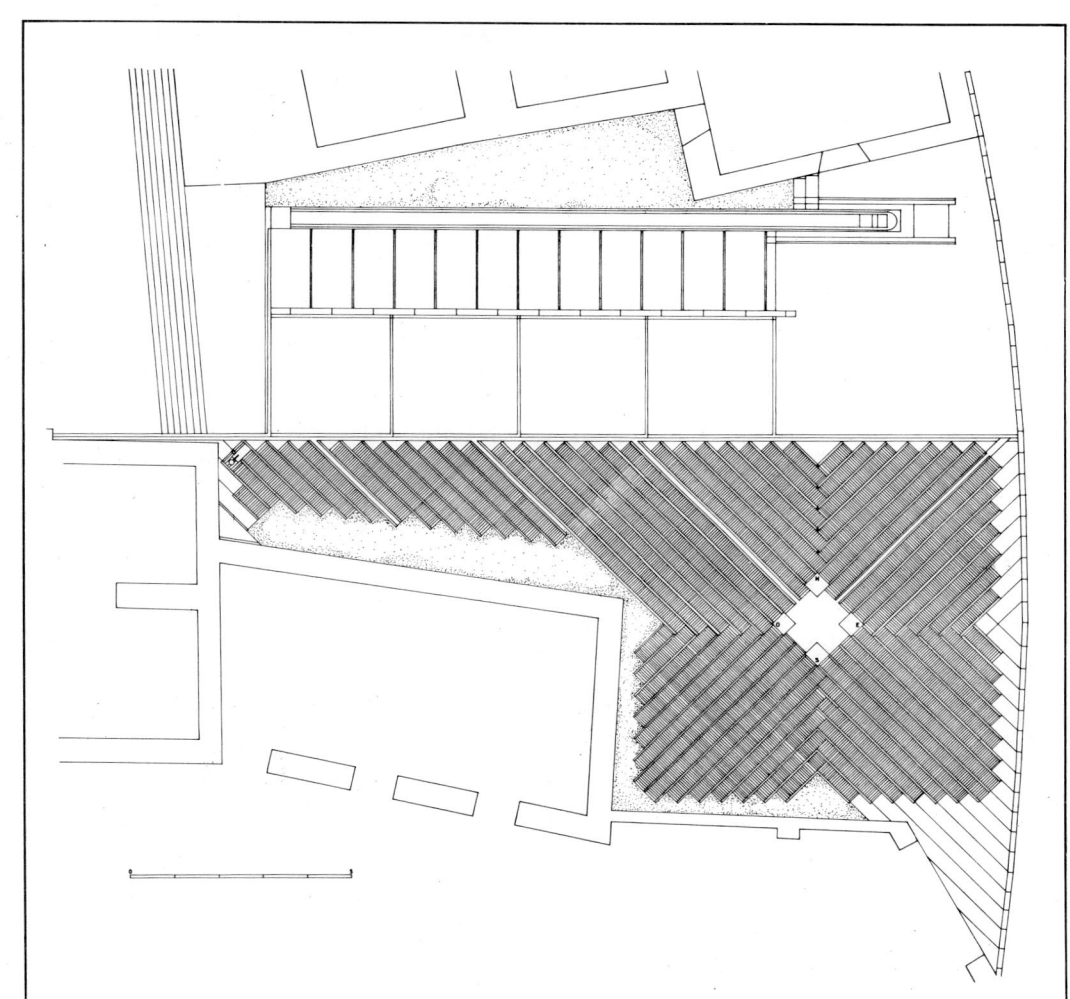

Placetes al costat de l'església

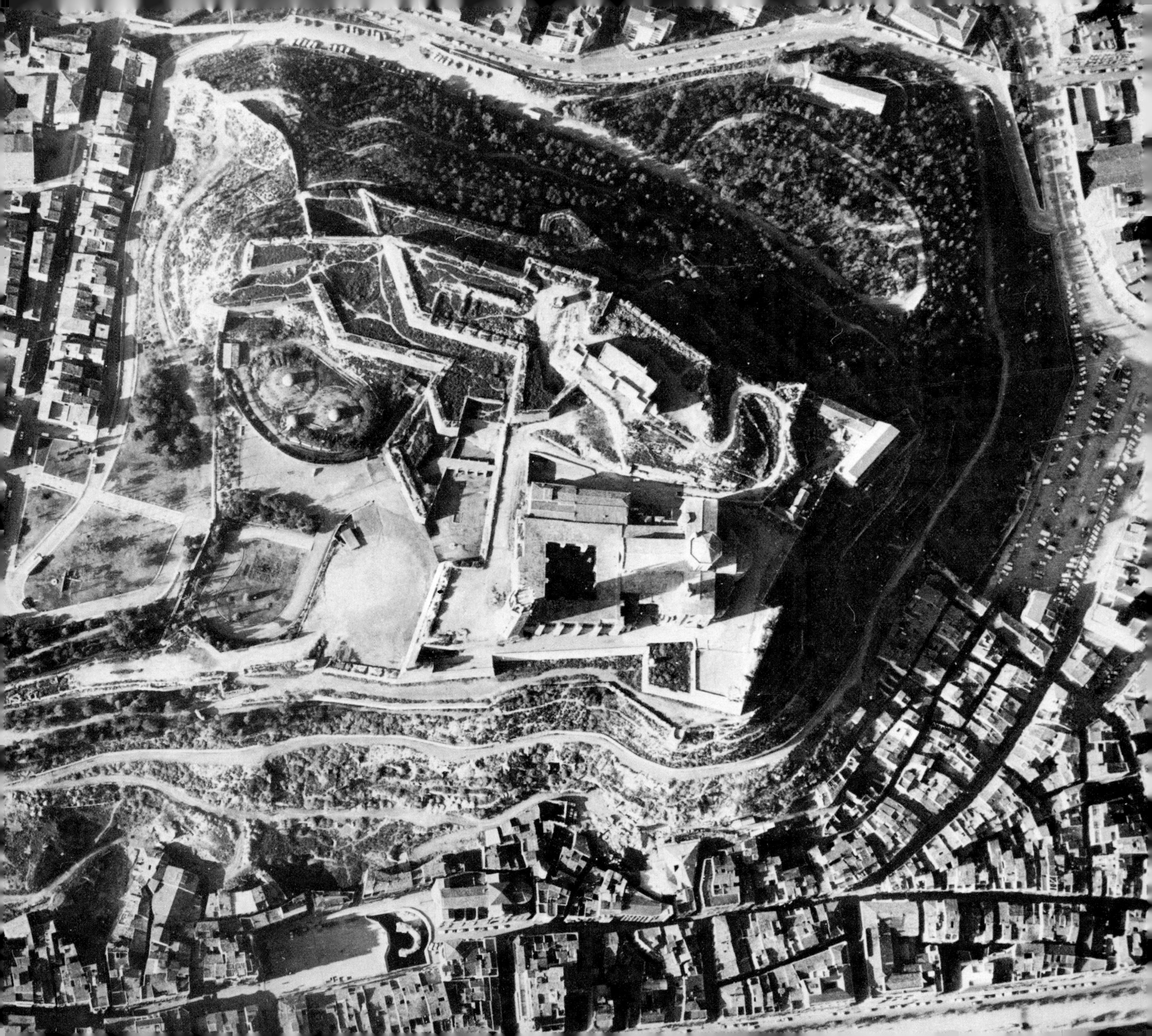

L L E I D A

la història com a monument

Arquitectes: Roser Amadó, Joan Busquets, Lluís Domènech i Ramon Mª Puig
Aparellador: Ramon Domènech
Constructor: Cubierta y Mzov
Projecte: 1983
Realització: 1984
Pressupost
d'adjudicació: 180.456.941,—

Maqueta de la proposta

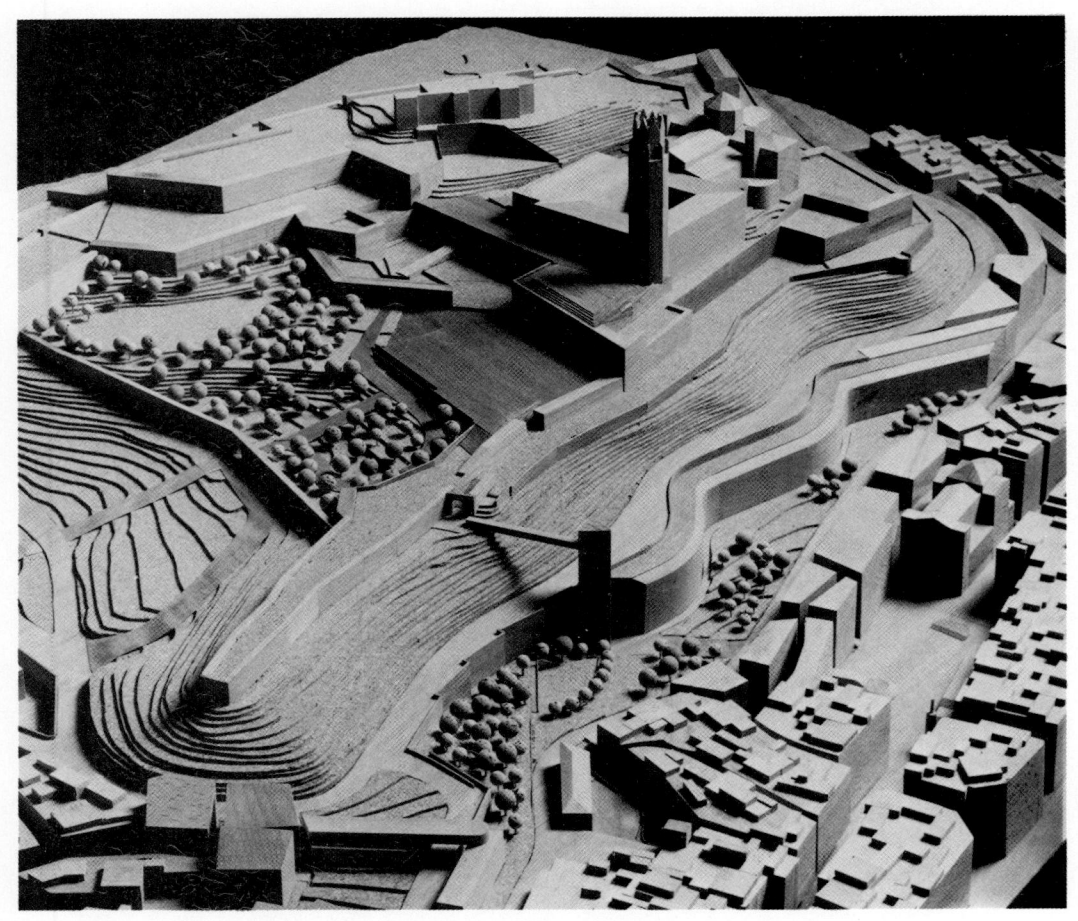

Les actuacions concretes que aquí es presenten cal entendre-les, necessàriament, com un esforç per conèixer un nucli antic i per proposar solucions adequades als seus problemes. Aquest és un llarg camí que pretenem sintetitzar a causa dels límits d'aquesta publicació.

El primer Pla Parcial del Canyeret data de 1969. "**Les característiques essencials d'aquest pla es basaven fonamentalment en l'exigència que el polígon fos totalment d'habitatges amb el màxim aprofitament del sòl, en la temptativa de seguir la trama urbana del nucli antic amb cases entre mitgeres i en l'esforç que el Canyeret representés la base del recinte emmurallat de la Seu sense envair-lo.**"

Aquest fragment s'ha extret de la memòria dels autors del Pla i serveix per entendre algunes de les principals preocupacions que romandran constants en els projectes successius.

Es tracta, aquí, de crear un sòcol visual que serveix per a una millor lectura de la imatge de la ciutat que es resumeix en el seu monument principal: l'edifici gòtic de la Seu.

I aquesta preocupació és bàsica per a entendre la proposta urbanística de 1975.

El programa, però, ha canviat: "**Aquesta vegada el pla es recolza en una determinació programàtica de l'avanç del Pla General de Lleida, que converteix la zona del Canyeret en un equipament nou del Centre.**

Això permet desenvolupar les idees del pla a una escala estructural i volumètrica més d'acord amb les preexistències monumentals, amb la situació topogràfica i amb els gravís-

sims problemes de contenció de terres i sanejament, actualitzats pels estudis geològics."

És en aquesta proposta de 1975 on s'insinuen algunes qüestions que més endavant prendran forma definitiva.

Es tracta de definir correctament tres apartats conceptuals de l'actuació.

a) Paràmetre morfològic o de relació amb el medi físic. Amb aquesta idea s'intenta "**recompondre una imatge global de la ciutat, relacionada directament amb el perfil del tossal i de la Seu**, fet que porta a decidir el següent: 1. Creació d'un eix compost per un carrer de circulació rodada i un passeig de vianants (paral·lels entre si) per tal de subratllar la línia de muralla i evitar-ne les interferències sobre el perfil. 2. Creació d'una fita vertical, dialècticament relacionada amb la Torre de la Seu, en un intent de modificar i revaloritzar la imatge global de la ciutat, que volumètricament s'ha anat degradant. Alhora, aquesta fita fa una funció de ròtula respecte a l'entorn immediat del Canyeret. 3. Creació d'una zona de parc per sota de la cota de nivell de l'eix carrer-passeig que omple de nou la totalitat del polígon entre l'eix citat i el límit inferior d'enllaç amb el centre comercial de Lleida."

b) Paràmetre d'estructura urbana o de relació amb la ciutat.

El Canyeret forma part del buit urbà del tossal de la Seu que es va formar pels setges militars i que ha experimentat una progressiva degradació. "**La nova estructura urbana del Canyeret ha de connectar amb la trama urbana de la ciu-**

Estat actual

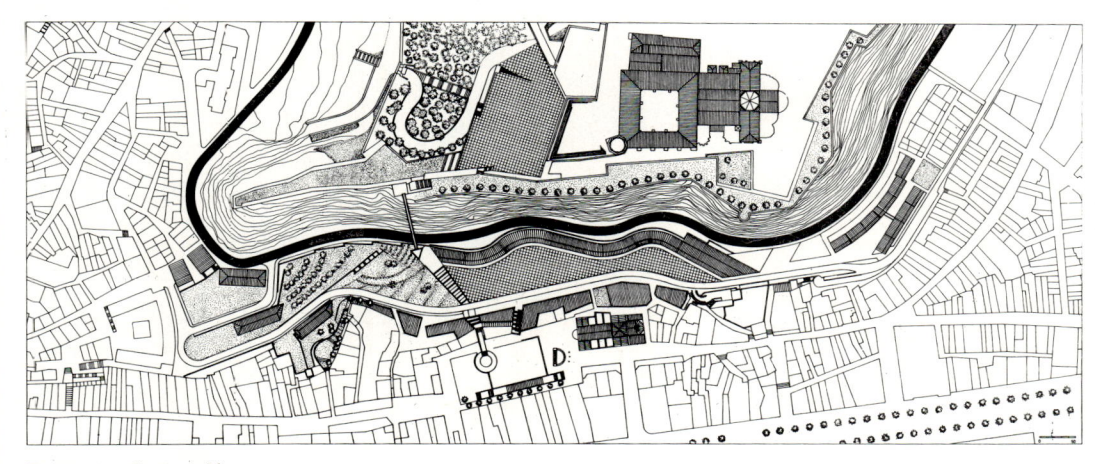

Proposta d'actuació

Proposta 1969

Proposta 1975

tat per tal de resoldre'n l'aïllament actual. Al mateix temps la trama del Canyeret reforçarà el funcionament de l'actual circuit de circumval·lació de la ciutat al voltant del tossal."

Un sistema de vies per a vianants i rodades resoldria aquest problema.

c) Paràmetre d'equipaments.

S'intenta que els usos assignats als possibles edificis siguin determinats per les necessitats que actualment té la ciutat.

Es tracta de pensar en edificis d'aparcaments, d'equipaments culturals (Centre d'Ensenyament, Biblioteca, Museu...) i d'oficines, tant per a ús oficial com públic o paraoficial.

Però els objectius i criteris amb què cal actuar al centre de Lleida són prou explícits en el nou Pla Especial lliurat el mes de juliol de 1982.

De la memòria de l'esmentat pla s'extreuen els següents fragments, prou il·lustratius per entendre el problema que tractem:

"El problema a Lleida —com es veurà— no és solament de conservar el centre (per a la qual cosa fa falta l'existència d'un recinte històric viu i no alterat), sinó de potenciar els elements històrics de la zona antiga per formar una estructura de centre. I això no és una voluntat abstracta de plantejament, sinó una necessitat de la mateixa estructura del creixement de Lleida per clarificar la seva relació amb el centre; per altra banda la supervivència dels seus monuments reclama la permanència actualitzada dels carrers i de les cases, de l'activitat i de la gent que l'envolten. D'aquí que per formar una estructura de centre a Lleida caldrà construir en certes parts del centre, sistematitzar amb cura els espais urbans perquè siguin marc adequat dels seus monuments i sobretot assegurar un manteniment viu de les activitats que donen el valor central: usos institucionals, comercials i residencials.

En qualsevol cas, el centre de Lleida és dominantment encara l'espai de la seva història urbana, el creixement de la ciutat ha estat fort i molt retardat respecte altres ciutats catalanes.

En aquest centre, s'hi combinen la força comarcal sobre una comarca potent, el valor simbòlic dels seus monuments exemplars, dels seus carrers d'antic traçat. L'existència d'àrees residencials antigues força deficitàries i fins i tot l'existència de grans edificis institucionals a la zona de ponent remarca els caràcters del centre. Tots aquests elements són presents en proporcions prou importants i el fan l'autèntic epicentre de l'activitat urbana de la ciutat."

A partir d'aquestes premisses inicials, les definicions dels objectius i les característiques conceptuals de l'actuació poden començar a perfilar-se:

"El nucli antic se'ns presenta com la part de la ciutat on la característica fonamental és la continuïtat estructural, això li dona la força de la coherència de les parts amb el tot. La ciutat de l'eixample, més enllà de les vies perimetrals, és el resultat d'altres mecanismes: sobre tot el traçat dels carrers, la nova casa amb pati d'illa... En canvi en el nucli antic, la qualitat de l'espai respon a la de cada petit ele-

Secció

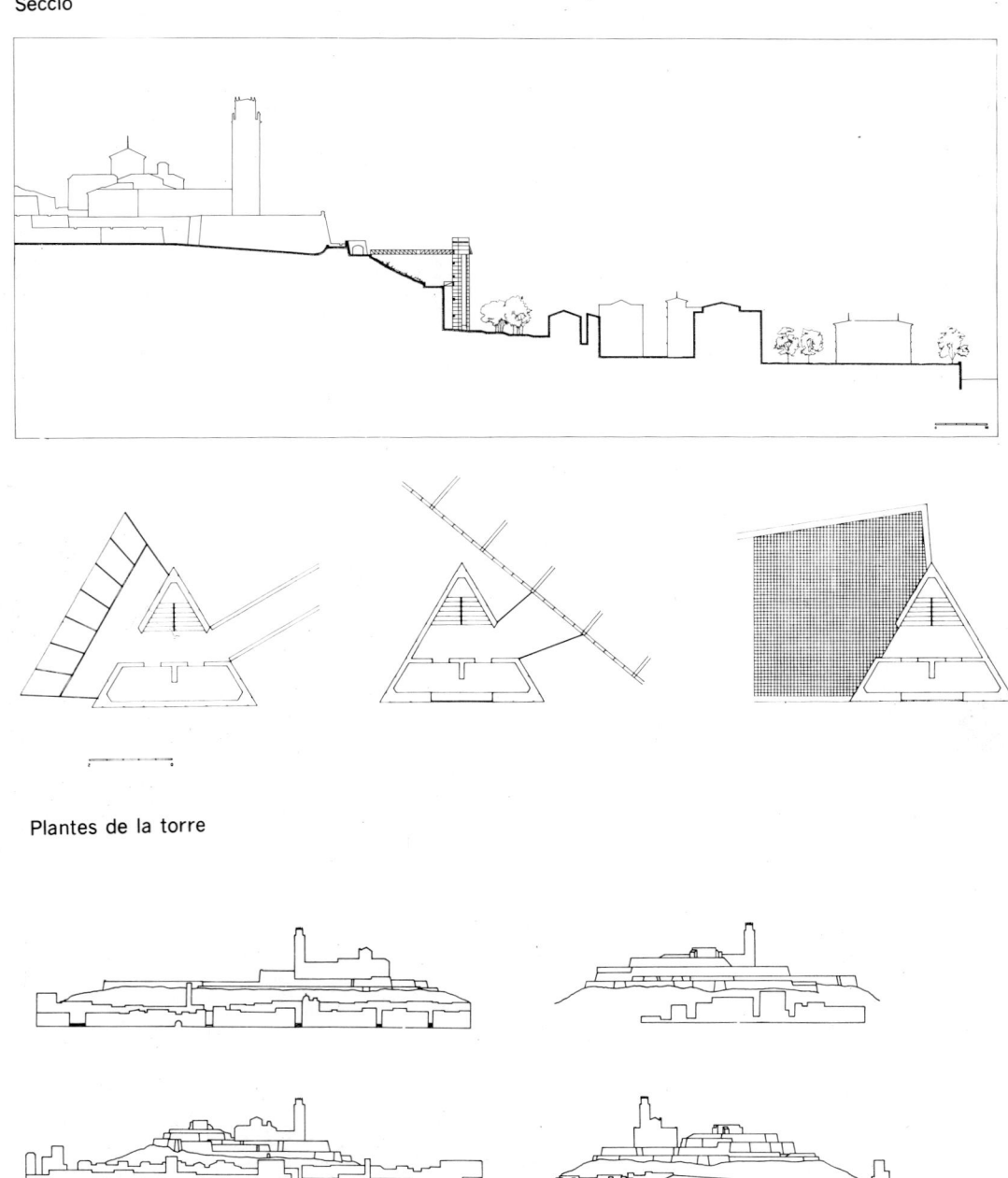

Plantes de la torre

El valor de la silueta

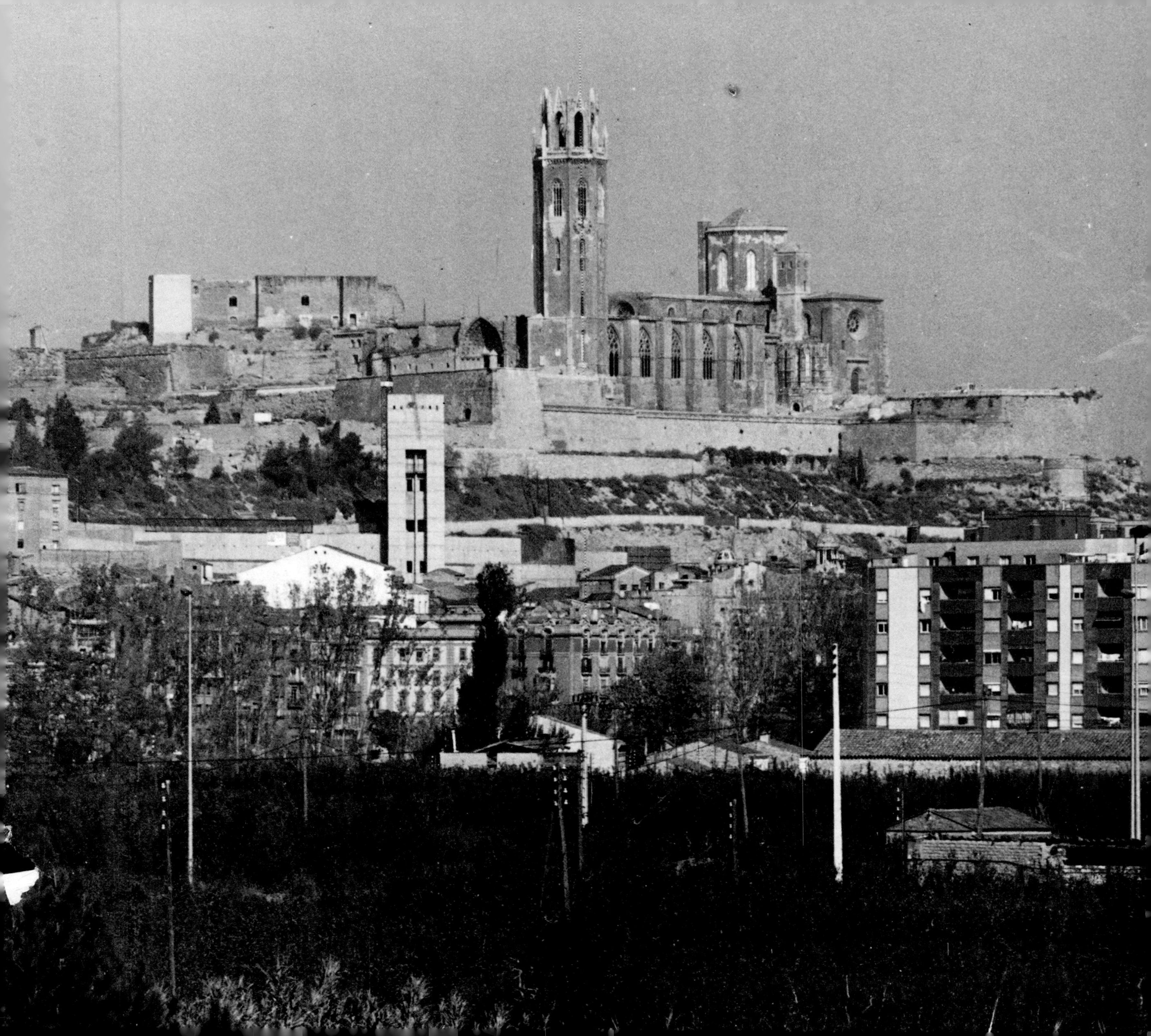

ment de conjunt.

D'aquí, doncs, les idees de manteniment lligades a la rehabilitació, però també les idees de la innovació coherent lligades a la revitalització. La diagnosi que el treball elabora presenta un perfil difícil: evidentment no es pot seguir la marxa anterior, també sembla insuficient la superposició d'una actitud tan sols restauradora, com també nostàlgica, que podria fossilitzar encara més el centre."

Una de les característiques que tenen més en compte els autors, fa referència a determinat tema formal molt pregonat: la imatge de la Seu dins la ciutat. La seguretat que dóna la forma d'aquesta construcció és explicada en els termes següents:

"Lleida és representativa d'un model de ciutat on es correspon la idea de centre com a lloc d'identitat i de decisions amb una imatge emergent d'aquest centre, fita singular, vista des de la plana comarcal i des dels carrers de la ciutat. El conjunt de la Seu és aquest centre, complex en tant que s'ha configurat una única imatge a partir de la superposició de tres institucions: el poder civil amb el Palau de la Suda, l'Església amb la Catedral i el poder militar amb els baluards i les muralles.

Aquesta imatge complexa és en certa manera unitària, perquè al llarg de la Història s'ha produït un ajust de les successives actuacions a la morfologia natural i topogràfica i a l'arquitectònica preexistent.

Igualment aquesta coherència es pot trobar en una estructura lògica de plataforma, on es diferencien la plata-

Maqueta de la torre

forma superior (Suda), de la mitjana (Seu) i de les inferiors (baluards), estructura que té una primera raó de ser en la permanència dels llocs d'accés al recinte, al llarg de la Història. (Les quatre portes romanes: Sas, Predicadors, Portell i Suda.)

La imatge simbòlico-visual de la Seu té un fort sentit d'atracció i en funció de la distància es poden distingir tres valors fonamentals d'aquesta imatge:

La silueta referencial, des d'una llarga distància, que correspon als camins i carreteres d'accés a Lleida. L'escala monumental, des d'una mitjana distància, concretament des de la primera Ronda de la Rambla i en la qual allò més important és la magnitud a escala de les tres plataformes successives que s'hi observen: el front construït del centre històric (uns 25 m), i el front emergent de muralles (uns altres 25 m) i l'emergència de la Suda i el campanar (uns 35 o 40 m).

Les seqüències d'accés, des d'una petita distància, concretament des de l'interior del perímetre estricte del centre històric.

Aquestes seqüències es produeixen de distinta manera i fonamentalment n'hi ha tres:

La seqüència del vessant sud, des de l'eix cívic i comercial, on el gran desnivell de la paret del Canyeret, de la Cuirassa i de Magdalena, planteja el problema de l'accés per escales i la possibilitat d'un accés mecanitzat. La costa del Jan, l'accés al Canyeret des de la plaça de St. Joan i la prolongació de la Baixada de la Trinitat són representatives d'aquest tipus.

La seqüència des del vessant nord és contràriament una passejada a través d'un possible parc, orientació bona per a la vegetació, per on es pot anar guanyant cota amb pendents inferiors al 10 % fins a arribar al peu de la porta de Predicadors.

La tercera seqüència és la que es produeix al llarg del front del carrer Sant Martí i és la que històricament oferia el màxim contacte entre la Seu i la ciutat. Aquest contacte reunia els extrems de la porta del Sas i de la porta Sant Andreu i en el centre tenia la incidència perpendicular a la porta de la Suda, del Camí del Romeu. Actualment el carrer de Tallada acompleix aquest valor d'incidència directa i monumental a la Seu passant per la porta del Lleó."

La idea, doncs, segons la qual la monumentalitat de la Seu és prou present com per orientar una part important del discurs de l'actuació queda prou clara a partir d'aquestes afirmacions, juntament amb l'anàlisi estadística que els autors fan d'altres variables: densitat de població, degradació de l'habitatge, manca d'inversió pública, qualificació de l'arquitectura i de la imatge dels carrers i de la seva capacitat de crear ambient.

El rigor analític del Pla Especial porta a la conclusió que cal qualificar el centre i aconseguir el desenvolupament del sòl públic del Canyeret. Cal assolir una sèrie d'objectius (que excedeixen dels límits d'aquest escrit) per mitjà d'unes propostes concretes contingudes en l'avenç del pla esmentat.

Si el context és ara prou clar, podem

Maqueta de la torre

exposar suara la primera actuació concreta que dins d'aquesta idea emprèn la Direcció General d'Arquitectura i que materialitza amb els criteris que l'equip d'arquitectes col·laboradors resumeix així:

"— La construcció d'un mur de contenció des de la desviació del camí de Ronda per anar al Seminari o a la part baixa del Canyeret, fins a la vertical de la plaça de Sant Joan, incloent-hi el rebaix de terres necessari.

— La urbanització completa del camí de Ronda des de l'esmentat punt de la banda de ponent fins a la vertical del límit del sòl públic del Canyeret, sota la torre rodona de la muralla. No s'efectua en aquesta etapa el tros vorera des de la vertical de la plaça de Sant Joan al punt est de la urbanització a l'espera de l'execució de la segona part del mur.

— La construcció de la torre dels ascensors, amb parada al camí de Ronda i passarel·la entregada a la plataforma a construir sota la porta de Serp.

— El perfilat de les terres del parc (zona ponent) deixant definit inicialment el traçat i rasants del carrer inferior i habilitació d'una plataforma provisional contigua a l'accés des de la plaça de Sant Joan, per al trànsit rodat.

— La contenció provisional de la zona sense mur amb talusos naturals de terres procedents de l'excavació confrontant.

— L'accés de vianants des de la plaça de Sant Joan, fins a peu d'ascensor enllaçant amb la nova urbanització d'aquella plaça."

És a dir: es tracta de col·locar un fort sòcol al monument principal de la ciutat de forma que alliberant terreny permeti establir noves construccions, espais lliures i nous accessos.

La forma d'accés a nivell superior mitjançant una torre encarregada de dialogar amb la seva homònima de la Seu i de facilitar una més bona utilització de tot el pla superior és explicada així pels arquitectes:

"L'elecció d'un element de comunicació vertical i la seva situació justificada en el Pla Especial Canyeret. A partir d'això, la dialèctica entre tecnologia i disseny ha donat lloc a les següents consideracions:

Una possible tecnologia, per altra banda molt tradicional en aquest tipus d'element, la torre d'estructura metàl·lica, fou rebutjada a causa de la contradicció que una pretesa lleugeresa estructural provoca una imatge molt emfàtica, que entraria en competència amb la silueta del campanar de la Seu.

L'estructura de formigó era l'única alternativa, ja que, altres tecnologies, com la del totxo, que haurien pogut donar una imatge, a la vegada actual i respectuosa, eren incapaces d'assolir les dificultats de l'alçada, l'esveltesa, el pes, la pressió al vent i l'economia.

L'elecció del formigó i la lògica de la seva construcció amb encofrat "reptant" de baix a dalt, han condicionat tan la forma de la planta (ruptura respecte a un sistema de construcció amb unitats d'obra ortogonals) com de l'alçat (necessitat de la secció constant).

La planta respon òbviament al mínim espai ocupat pels ascensors, l'escala d'emergència i els replans d'accés, a més de les obligacions creades per la finestra panoràmica dels ascensors, la "cara" de desembarc contra muntanya i el balcó "mirador".

Els efectes volumètrics del prisma de base triangular són beneficiosos en quant a l'esveltesa i a la visió de l'escorç que donen els angles de 60°.

L'escala dimensional de la torre i la peculiaritat de la seva construcció i forma fan interessant la percepció de l'espai intern per la qual cosa l'escala és una estructura independent, lleugera de ferro, suspesa en el prisma interior.

Per accentuar la condició pública de l'artefacte se suprimeix tota mena d'entrebancs a la clara circulació i a l'ús de la torre, i només es creen uns compartiments estancs en els replans d'accés i desembarc, a fi d'evitar els corrents d'aire produïts pel tiratge de l'escala.

L'altre element important, és la passarel·la d'unió amb la porta de Serp. La seva característica més notable és la desproporció entre la gran longitud i les petites dimensions d'amplada i alçada.

La dialèctica entre les condicions mecàniques d'un pont de 40 m de llarg per a vianants i les raons formals han aconsellat una solució lleugera, de barres articulades de ferro. En aquest cas, a la transparència de la solució s'afegeix l'efecte de reducció d'escala, produït per la poca importància formal d'elements quotidians reconeixedors (baranes, portes, etc...) i la simplicitat del quadrat repetit, barrat per la diagonal.

La necessitat de crear un mirador lligat amb el tractament d'acabat superior de la torre explica l'àmplia i transparent estructura en ventall suspesa de tirants. El tractament de detall que fa referència tant als elements de segon ordre de l'estructura (triangulacions), com als de protecció de la caiguda, queda solucionat de manera comuna al de la passarel·la, donant un caràcter unificador de cornisa a tot el conjunt."

El mur i la torre, doncs, són dos elements que fan més palès aquest caire monumental que la forma definitiva del centre adquirirà.

Però encara més: el mur es transforma en un determinat moment en un edifici de forma sinuosa. La correcta destinació funcional d'aquesta faixa edificada és cabdal per revitalitzar el centre de la ciutat.

La seva gran superfície construïda té no sols un paper formal a jugar (que també recolza en la idea d'actuació monumental triada) sinó que permet pensar en una destinació prou estimulant per crear aquest important flux urbà que la ciutat moderna necessita per funcionar. Dependències públiques i d'equipaments, juntament amb activitats urbanes qualificades, poden ésser correctes destinacions per a aquesta forta actuació, que aconsegueixin per elles mateixes satisfer els objectius del contingut de tan llarga i pacient actuació, portada a terme amb el rigor que es desprèn de la seva metodologia.

Inventar una nova història, des d'actuacions tan transcendents com aquesta, un camí prou interessant com per presentar-se alternativament a altres propostes que recull aquesta publicació.

VALORAR LA HISTÒRIA
nova vida per a les velles ciutats

El present llibre sortí de les màquines de la impremta Pujagut de Barcelona el més de juny de 1985. S'imprimí en offset sobre paper couché de 112 gr amb fotolits d'Eurogamma, portadella amb relleu en sec sobre paper verjurat Conqueror i enquadernació rústica. S'utilitzaren els tipus de lletra Garth Graphic i News Gotic. S'hi adjuntà un pòster amb color de les façanes del projecte del riu Onyar i s'embolicà tot amb una bossa de cel·lofana